Gebäude, die Zeichen setzen
Ein Blick auf drei Jahrzehnte Architektur

Landmark Buildings
A Review of Three Decades of Architecture

Edition **DETAIL**

Christian Schittich

Bauwerke aus drei Jahrzehnten – Architektur einer globalen Welt

Knapp drei Jahrzehnte liegen zwischen Ieoh Ming Peis kristalliner Pyramide im Louvre und der Eröffnung der spektakulären Elbphilharmonie. Beide Bauwerke setzen maßgebliche Zeichen in ihrer Stadt, beide sind aber auch Kinder ihrer jeweiligen Entstehungszeit. Denn da, wo Pei mit der Gestalt der Pyramide auf eine elementare geometrische Form zurückgreift und deren klar strukturiertes Tragwerk zeigt, setzen Herzog & de Meuron auf die frei entwickelte Skulptur und verkleiden die eher nach pragmatischen Gesichtspunkten zusammengefügte Stahlkonstruktion des Dachs. Ein weiterer wesentlicher Unterschied aber zeigt sich in der Verwendung des Materials Glas. Pei scheut keinerlei Aufwand, um mit der gesamten damals zur Verfügung stehenden Technologie die gläserne Hülle der Pyramide soweit wie möglich aufzulösen, während Herzog & de Meuron – ebenfalls verbunden mit außergewöhnlichen Kosten – versuchen, ihre Fassaden zu materialisieren. Durch Bedrucken mit grafischen Mustern und Biegen der Gläser erreichen sie eine enorme Lebendigkeit. So scheint der Baukörper im Louvre weitgehend noch den Idealen der späten Moderne verpflichtet, während die Elbphilharmonie für die stilistische Freiheit unserer pluralistischen Gegenwart steht. Um die zwischen den Fertigstellungsterminen der beiden ikonenhaften Bauwerke liegenden drei Jahrzehnte soll es in diesem Buch gehen. Es ist die Zeitspanne, in der die Ausdrucksweise in der Architektur eine bislang nicht gekannte Vielfalt erreicht. Gleichzeitig verändern sich deren Entstehungsprozesse wie in keinem vergleichbaren Zeitraum zuvor.

Ende der 1980er-Jahre halten in Europa gerade die ersten Computer Einzug in die Architekturbüros, das Gros der Kollegen aber verbringt seinen Berufsalltag über riesige Zeichentische gebeugt, mit der Reißschiene in der einen und dem Tuschestift in der anderen Hand. Wer besonders fortschrittlich kommunizieren möchte, kauft sich ein Faxgerät, ist mit dessen Verwendung aber noch eingeschränkt – einfach mangels entsprechender Verbreitung bei Geschäftspartnern oder im

Buildings from Three Decades – Architecture in a Global World

Almost three decades separate Ieoh Ming Pei's crystalline pyramid in the Louvre and the opening of the spectacular Elbe Philharmonic Hall. Both buildings set distinctive examples in their city, while both are also outcomes of their particular period of origin. Whereas Pei drew on an elementary geometric form with his pyramid design, displaying its clearly structured supporting framework, Herzog & de Meuron relied on a freely developed sculpture while cladding the rather pragmatically assembled steel structure of the roof. Another major difference, however, lies in the use of glass as a building material. Pei spared no effort to dissolve the glass shell of the pyramid to the greatest extent possible, using the entire gamut of technology available at the time, whereas Herzog & de Meuron attempted to materialise their facades, likewise at an extraordinary cost. By employing printed graphic patterns and bent glass, they achieved a tremendous liveliness. As such, while the building in the Louvre by and large still seems committed to the ideals of late modernism, the Elbe Philharmonic Hall appears to stand for the stylistic freedom of our pluralistic present age.

The three decades of architecture that lie between the completion dates of the above-mentioned two iconic buildings comprise the subject of this book. They represent the time span in which the mode of expression in architecture reached an unprecedented diversity. At the same time, its development processes changed like never before over a comparable period.

At the end of the 1980s, the first computers were just finding their way into architectural practices, while most architects were still spending their everyday working lives at huge drawing boards with a T-square in one hand and a drafting pen in the other. Whoever wanted to communicate in a particularly sophisticated manner bought a fax machine, though its application was then still limited simply because it wasn't yet widely used by business partners or among acquaintances. Professional journals, appearing on a monthly basis or even only six times a year, were still largely printed in black and white for cost rea-

Bekanntenkreis. Die monatlich oder gar nur sechsmal im Jahr erscheinende Fachzeitschrift wird aus Kostengründen noch überwiegend in Schwarzweiß gedruckt. Heute dagegen helfen immer schnellere Hochleistungsrechner, die ausgefallensten Formen zu entwerfen, deren Tragverhalten zu berechnen und sie mittels computergesteuerter Werkzeuge auch gleich noch herzustellen. Die realisierten Bauwerke selbst werden anschließend tagesaktuell mit bunten Bildern weltweit über das Internet verbreitet. Klar, dass so eine Entwicklung nicht ohne Auswirkungen auf die Architektur bleiben kann. Immer mehr folgt die Form den technischen Möglichkeiten, aber auch dem zu verbreitenden Bild.

Nur wenige Jahrzehnte in der jüngeren Vergangenheit beginnen mit einer gleichermaßen evidenten Zäsur wie die 1990er-Jahre. 1989, das Fertigstellungsdatum der beiden ersten Projektbeispiele in dieser Publikation, ist das Jahr, in dem die Berliner Mauer fällt – und bald darauf der gesamte Eiserne Vorhang. Die behandelte Epoche ist also in etwa deckungsgleich mit dem Zeitraum nach dem Zerfall des Ostblocks und damit einer rasant voranschreitenden Internationalisierung. Unverkennbar ist unsere Welt im letzten Vierteljahrhundert aufgrund der zunehmenden Globalisierung deutlich enger zusammengerückt. Über das Internet und andere Medien erfahren wir täglich, was gerade in Südamerika, Fernost oder Australien geschieht. Gleichzeitig fördern die enorm verbesserten und immer günstigeren Reiseangebote den Austausch und die Informationsmöglichkeit aus erster Hand. Andersherum reagieren auch Städte, Bauherrn und Architekten auf den rapide um sich greifenden Massentourismus. Manche bewusst platzierte Attraktion wäre ohne ihn nicht vorstellbar.

Nicht zuletzt aber handelt es sich bei den letzten drei Jahrzehnten um jene Zeitspanne, in der sich die „Produktion von Architektur" zum globalen Geschäft ausgeweitet hat. Das spiegeln eindrucksvoll die in diesem Buch besprochenen Bauwerke wider: Ein Brite plant das neue Zuhause für den deutschen Bundestag, ein Spanier einen spektakulären Bahnhof im belgischen Lüttich,

sons. Today, by contrast, ever faster high-performance computers help in designing the most outlandish forms, calculating their load-bearing behaviour, and even promptly manufacturing them using computer-controlled tools. The completed buildings are – in the form of colourful images – then instantly distributed across the world via the internet. It's clear that such a development is bound to have an effect on architecture. To an ever greater extent, form follows the technical possibilities, but also the image to be distributed.

Only few decades in the recent past began with a similarly evident turning point as the 1990s. 1989, the completion date of the first two project examples in this publication, was the year in which the Berlin Wall fell – soon to be followed by the entire Iron Curtain. The period treated here therefore roughly equals the period after the collapse of the Eastern bloc and the subsequent rapidly progressing internationalisation. Over the last quarter of a century, our world has unmistakeably and significantly moved closer together due to rapidly advancing globalisation. Through the internet, we are informed on a daily basis about current events in South America, the Far East, or Australia. At the same time, the tremendously improved and ever cheaper travel offers encourage exchange and first-hand information opportunities. Conversely, the cities, clients, and their architects, too, react to rapidly increasing mass tourism, without which one or another deliberately placed attraction would seem inconceivable.

Above all, however, the last three decades constitute the period in which the "production of architecture" expanded to become a global business. This is strikingly reflected in the buildings discussed in this book: The new home of the German Bundestag was planned by a Briton; a spectacular railway station in Liège, Belgium, by a Spaniard; the new headquarters of the most important daily newspaper in New York by an Italian. Around half of the 25 project examples are by architects from countries other than that of the respective building location. Many of these globally active firms have long since maintained branches in various countries. Is David Chipperfield Architects, for example, which looks after many of its distant projects from its Berlin branch, an English or German architecture firm? In fact, it is above all:

ein Italiener den neuen Sitz der wichtigsten Tageszeitung in New York. Etwa die Hälfte der 25 Projektbeispiele stammt von Architekten aus einem vom Standort abweichenden Staat. Viele dieser weltweit agierenden Firmen unterhalten längst Filialen in verschiedenen Ländern. Ist David Chipperfield Architects, das viele seiner fernen Projekte von Berlin aus betreut, nun ein englisches oder ein deutsches Büro? Tatsächlich ist es vor allem eins: ein internationales. Das zeigt sich besonders auch an der Mitarbeiterstruktur. Jedes einigermaßen renommierte Büro besteht heute aus einer bunten Mischung von Kollegen unterschiedlichster Herkunft. Junge Architekten aus Deutschland ziehen reihenweise nach England oder in die Schweiz. Ihre Plätze daheim nehmen Kollegen aus Portugal oder Polen ein. „Unter unseren 30 Mitarbeitern befinden sich Menschen aus 18 Nationen", erzählt ein anderer Berliner Baumeister beim Bürorundgang stolz. Auch das fördert den Austausch von Ideen und Wissen und führt in letzter Konsequenz zu einer zunehmend pluralistischen Architektur. Ebenso wie die Entwurfsideen folgt auch die Verfügbarkeit des technischen Know-hows sowie der Bauprodukte selbst längst globalen Prozessen.

Bei aufwendigen Verglasungen etwa ist es durchaus möglich, dass die einzelnen Scheiben in dem einen Land gefertigt, im nächsten zu Sicherheitsglas weiterverarbeitet und beschichtet, wieder woanders vielleicht gebogen oder zu Isolierglaseinheiten verarbeitet werden, um dann an einem weiteren Ort zu Elementen zusammengefügt zu werden. Auch hier zeigt der Vergleich von Louvre-Pyramide und Elbphilharmonie die rasante Entwicklung. Denn während das Glas für das Pariser Projekt seinerzeit komplett in Frankreich hergestellt und verarbeitet wurde, haben die Scheiben des Konzerthauses bereits eine Tour durch mehrere Länder Europas hinter sich, bevor ein Fassadenbauer im bayerischen Gundelfingen sie auf die tragende Unterkonstruktion aus Stahl montiert. In zahlreichen anderen Fällen reisen komplette Gebäudehüllen um die halbe Welt. Die Außenhaut des gerade fertiggestellten spektakulären Apple Campus in Cupertino wurde ebenfalls vollständig in Süddeutschland gefertigt, bevor sie ihre weite Fahrt nach Kalifornien antreten

an international firm. This is also demonstrated by the staff structure in particular. Every reasonably well-known architectural practice today has a diverse mix of colleagues from many different countries. Young architects from Germany are moving to England or Switzerland by the dozen. Their positions back home are taken by colleagues from Portugal or Poland. "Among our 30 employees, we have people from 18 nations", an architect from another Berlin-based practice proudly recounted during a walk through the office. This too encourages the exchange of ideas and knowledge, finally leading to increasingly pluralistic architecture. As with design ideas, the availability of technical know-how and of the building products themselves has long since been following global processes.

Lavish glazing, for example, may well entail that the individual panes of glass are first manufactured in a given country; then processed further into safety glass and laminated in another; and perhaps bent or processed into insulating glass units in yet another, to be subsequently assembled into elements in a different location. Here too, a comparison between the Louvre pyramid and the Elbe Philharmonic Hall displays the rapid development that has taken place: While the glass for the Paris project was, at the time, fully manufactured and processed in France, the glass panes of the concert house had been through a tour of several European countries before being mounted on their load-bearing steel substructure at the facade construction firm in the Bavarian town of Gundelfingen. In many other cases, entire building envelopes travel halfway around the world. The outer skin of the just completed spectacular Apple Campus in Cupertino, too, was completely manufactured in southern Germany before it was able to begin its long journey to California. In turn, we acquire natural stone from Brazil or China, despite all ecological concerns.

As such, the global availability of building materials, too, in interaction with technological development, which produces new materials at a rapid pace, leads to tremendous diversity. Material itself has now received a significance like rarely before in the history of architecture: wooden shingles and rough concrete; unprocessed, raw-quarried natural stone, or delicate metal meshes; matted glass, and shimmering plastic

konnte. Dafür beziehen wir wiederum Naturstein aus Brasilien oder China – allen ökologischen Bedenken zum Trotz.

So führt auch die weltweite Verfügbarkeit der Baustoffe im Zusammenspiel mit der technischen Entwicklung, die in rasantem Tempo neue Materialien hervorbringt, zu einer enormen Diversität. Das Material an sich erfährt jetzt eine bislang in der Baugeschichte kaum gekannte Bedeutung: Holzschindeln und roher Beton, bruchrauer Naturstein oder filigrane Metallgewebe, mattiertes Glas und schimmernder Kunststoff – allerorten wird es zur Schau gestellt und inszeniert. Gewiss resultiert dieser Trend nicht zuletzt auch aus den veränderten Entwurfs- und Präsentationsmöglichkeiten in der Architektur. Früher war die Strichzeichnung das Ausdrucksmittel der Architekten, veröffentlicht wurde in Schwarzweiß. Damit lassen sich zwar das konstruktive Gefüge sowie räumliche Stimmungen vermitteln, die Oberflächenqualitäten aber nur begrenzt. Ganz anders dagegen verhält es sich heute mit den Renderings, die oftmals kaum noch vom Foto zu unterscheiden sind. Nicht zuletzt aber trägt vor allem die massenhafte Verbreitung gelungener Bauwerke mittels effektvoller Bilder zur erhöhten Aufmerksamkeit für die Baustoffe bei. Doch es gibt noch einen weiteren Grund: In unserer zunehmend virtuellen und schnelllebigen Welt wächst das Bedürfnis nach Greifbarem, nach Realem, nach Fühlbarkeit und Textur, aber auch nach physischen, materialisierten Räumen. Auch von diesem Verlangen erzählen einige der Projektbeispiele im Buch. Ebenso wie von dem zunehmenden Bedürfnis nach Farbe.

In der Architektur scheint heute nichts mehr unmöglich zu sein, in technischer ebenso wie in gestalterischer Hinsicht. Auch diese Entwicklung haben uns die letzten drei Jahrzehnte gebracht. Sie sind der Zeitraum, in dem das Bauen eine Vielfalt entwickelt wie nie zuvor. Damit ist jedoch die Zeit der Architekturstile erst einmal vorbei. Denn das jahrhundertelang in der Kunst- und Architekturgeschichte praktizierte Einordnen von beispielhaften Gebäuden in Stilschubladen macht dort keinen Sinn, wo sich kein übergeordneter Stil mehr findet. Heute zeigen sich nur noch parallel nebeneinander existierende Trends. Und mit den Stilen verliert auch die Architekturtheorie an Terrain.

– everywhere, materials are being showcased and orchestrated. Certainly, this trend is, if nothing else, also a result of the changed design and presentation possibilities in architecture. In the past, line drawings were the mode of expression for architects, and they were publicised in black and white, as referred to above. Though this allowed to convey the structural framework as well as spatial atmospheres, surface qualities could only be depicted in a limited manner. Today, by contrast, the situation is entirely different with respect to renderings, which are often hardly distinguishable from photographs. Not least, however, the mass distribution of successful examples of architecture by means of spectacular images has particularly contributed to an increased attention for materials. This also makes architecture evermore colourful. There is, however, also another reason for this: in our increasingly virtual and fast-paced world, there is a growing desire for tangibility and for what is real; for tactility and texture; but also for physical, materialising spaces. This need, too, is discussed in some of the project examples in this book, including the increasing demand for colour.

In architecture today, nothing seems impossible, both in technological and aesthetical terms. This development, too, is the result of the last three decades. It is the period in which architecture developed a diversity like never before. This also means, however, that the era of architectural styles has for now come to an end, as the centuries-old practice of categorising exemplary buildings into stylistic pigeonholes in the fields of the history of art and architecture doesn't make sense where there is no overriding style anymore. Today, there are only parallel trends, existing side by side. The loss of styles also leads to architecture theory losing ground, which also characterises some of the leading architects today, such as Herzog & de Meuron: they are pragmatists and, first and foremost, designers. A theoretical superstructure only costs time.

Still other architects use the vacating terrain to create their own styles, which they veritably orchestrate into a brand, to be applied promotionally. "Signature architecture" is a popular buzzword in the media, just like the term "star architect", which is well-liked both by the audience and marketing professionals.

Denn das zeichnet einige der heute führenden Architekten wie etwa Herzog & de Meuron aus: Sie sind Pragmatiker und zu allererst Entwerfer. Ein theoretischer Überbau kostet nur Zeit. Wieder andere Architekten nutzen das entstehende Vakuum, um ihren eigenen Stil zu kreieren. Sie inszenieren ihn regelrecht zur Marke und setzen ihn verkaufsfördernd ein. „Signature Architecture" geistert als beliebtes Schlagwort durch die Medien, ebenso wie der bei Publikum und Marketingstrategen gleichermaßen beliebte Begriff „Stararchitekt".

Auch diese unglückliche Bezeichnung wird im vergangenen Vierteljahrhundert geboren und sagt dabei einiges über die Zeitspanne aus. Es ist die Epoche, in der die Architektur zum Marketingfaktor wird, ebenso wie zum Event. Natürlich hat daran Frank Gehry mit seinem Guggenheim Museum in Bilbao erheblichen Anteil. Denn er führt damit aller Welt vor Augen, wie spektakuläre Architektur zum Publikumsmagneten werden kann. Seither wird diese in Fashion- und Lifestylemagazinen gefeiert oder tritt als schillernder Hintergrund in Werbe- oder Fernsehfilmen auf.

Verständlich, dass nun immer mehr Städte, Bauherrn und Architekten auf ausdrucksstarke Formen setzen, um Attraktionen zu schaffen. Solange das gesamte Gebäude stimmig ist und seinem Zweck entsprechend funktioniert, ist dagegen nichts einzuwenden. Schließlich ist es nie verkehrt, immer breitere Schichten der Bevölkerung für Architektur zu begeistern, auch wenn von solchem Interesse wohl kaum der gut gelungene Geschosswohnungsbau, das Schulhaus oder der nachhaltig und schön gestaltete Bürokomplex profitiert. Fragwürdig aber wird die Sache, wenn nur die äußere Hülle nach Aufmerksamkeit schreit, das Innere dann jedoch nicht halten kann, was sie verspricht. Und das geschieht leider nur allzu oft, gerade bei Bauwerken der in den Publikumsmedien so beliebten „Stars". Unsere erlebnishungrige Gesellschaft aber verlangt nach Attraktionen und die Architektur eignet sich hervorragend dafür. Das zeigen im positiven Sinn etwa die jeweils über den Sommer errichteten Pavillons der Serpentine Gallery im Londoner Hydepark. Diese von wechselnden Architekten entworfenen temporären Gebilde ziehen jedes Jahr ganze Heerscharen

This rather unfortunate expression also originated in the last quarter of a century and says quite a lot about its era, for it is the period in which architecture became a marketing factor, as well as an event. Frank Gehry and his Guggenheim Museum in Bilbao also had a significant part in this, since it was, after all, he who demonstrated to the world how spectacular architecture can become a magnet for visitors, and which has, ever since, been celebrated in fashion and lifestyle magazines, or appeared as dazzling background in advertising and television films.

As such, it is understandable that a growing number of cities, clients, and their architects are relying on expressive forms in order to create attractions. As long as the entire building is consistent, fulfilling its function in accordance with its purpose, that is fair enough. After all, it's never wrong to get ever larger sections of the population interested in architecture, even if this interest hardly seems to have a beneficial impact on a well-planned residential tower, a school building, or a sustainably and beautifully designed office complex. The matter becomes questionable, however, when the outer appearance of a building seems to scream for attention, while the interior isn't able to live up to the promise of the exterior. Unfortunately, this happens all too often, also especially in buildings whose architects are popular "stars" in the general media. However, in our thrill-seeking society, there is a yearning for attractions and architecture is well-suited to the purpose. This is demonstrated in a positive sense by the pavilions of the Serpentine Gallery in London's Hyde Park, which are put up for the summer. These temporary installations, which are designed by different architects every year and are, indeed, fascinating, attract crowds of visitors.

As already mentioned, the phenomenon of event architecture is to a large extent due to rapidly progressing globalisation, not only because images of spectacular buildings or temporary structures very quickly spread across the planet, but also because in the era of low-cost airlines and mass tourism, the economic potential of travellers to be attracted is steadily growing. At the same time, the cities, which are populated by the same fashion labels, fast food restaurants, and uniform facades everywhere, are increasingly losing their

von Besuchern an. Wie schon erwähnt ist das Phänomen der Erlebnisarchitektur weitgehend der rasant voranschreitenden Globalisierung geschuldet. Nicht nur, weil sich die Bilder spektakulärer Bauten rasend schnell über den Erdball verbreiten, sondern auch, weil in Zeiten von Billigfliegern und Massentourismus das wirtschaftliche Potenzial der Reisenden, die es anzuziehen gilt, immer größer wird. Gleichzeitig verlieren die Städte, in denen sich überall die gleichen Modelabels, Schnellrestaurants und Einheitsfassaden breit machen, zunehmend ihr unverwechselbares Gesicht. Und das in einer Zeit, in der die Individualität des Einzelnen an Bedeutung gewinnt wie niemals zuvor. Es braucht also die besonderen Bauwerke, um sich von anderen zu unterscheiden.

Manche Städte und Investoren setzen in ihrem Bemühen um ein individuelles Gesicht auch auf das Hochhaus oder gar den Superwolkenkratzer, eine Bauform, die aus Gründen der Effizienz und damit der Nachhaltigkeit zu Recht stark umstritten ist. Allerdings lässt es sich nicht leugnen, dass erst die skulpturalen Türme vielen ansonsten gleichförmigen Städten in Asien und Amerika ihren speziellen Charakter verleihen. Was etwa wäre Shanghai ohne seine sich permanent wandelnde und nachts eindrucksvoll beleuchtete Silhouette von Pudong? Noch drastischer zeigt sich das Phänomen in Dubai. Als Zeichen des Größenwahns ebenso wie von genialer Ingenieurbaukunst ist der spektakuläre Burj Khalifa mit seinen über 800 Metern noch immer das höchste Gebäude der Welt. Doch wie sähe Dubai ohne diesen Wolkenkratzer aus? Beinahe allein prägt er die Erscheinung der Stadt und zieht scharenweise Touristen an – auch wenn von seiner in 555 Metern Höhe gelegenen Aussichtsterrasse kaum etwas anderes zu sehen ist als brauner Sand und die Dachlandschaften hässlicher Einkaufszentren.

Wirklich wegweisend indes ist eine Architektur, die intelligente Lösungen zur Erfüllung der elementaren gesellschaftlichen Notwendigkeiten anbietet. Eine Architektur also, deren Ziel es ist, gut gestaltete, preiswerte Schulen und Krankenhäuser oder einfache Wohnbauten in den unterprivilegierten Regionen der Erde zu schaffen und dabei gleichzeitig technisches Know-how an die

distinctive faces – at a time when the uniqueness of the individual is gaining in importance like never before. As such, special buildings are needed as distinguishing features.

In their effort to create distinctive faces for buildings, some cities and investors also rely on the high-rise building or even the super-skyscraper, a building type which, due to reasons of efficiency and hence of sustainability, is highly controversial, and rightly so. What is undeniable, however, is that it is precisely the sculptural towers that give many otherwise uniform cities in Asia and America their special character. What would Shanghai be without its permanently changing and, at night, impressively lit silhouette of Pudong? This phenomenon is more drastically displayed in Dubai. Expressing both megalomania and brilliant civil engineering, the spectacular Burj Khalifa, with its height of more than 800 metres, remains the tallest building in the world. How, though, would Dubai look without this skyscraper? It shapes the appearance of the city almost all by itself, attracting droves of tourists, notwithstanding the fact that from its viewing platform, located at a height of 555 metres, one can hardly see much more than brown sand and the roofscapes of ugly shopping centres.

In the meanwhile, truly trailblazing architecture is one that offers intelligent solutions for fulfilling basic social needs. An architecture whose aim is to create well-designed and inexpensive schools and hospitals or simple residential buildings in the underprivileged regions of the world while at the same time passing on technical know-how to the local population. It is a gratifying phenomenon of the recent past that the professional public is shifting its focus from all those signature buildings and becoming more and more aware of such social architecture as the buildings by Anna Heringer in Bangladesh and by Francis Kéré in his home village Gando in Burkina Faso. In this context, traditional and regional building materials such as clay or bamboo are increasingly being rediscovered. At the same time and despite all globalisation (or precisely because of it?), we are experiencing a return to regional construction methods in different places all over the world. This is demonstrated by Studio Mumbai in India as well as by Wang Shu and Amateur Architecture Studio in China, but also by current trends in South Tyrol, Slovenia,

lokale Bevölkerung weiterzugeben. Es ist ein erfreuliches Phänomen der jüngeren Vergangenheit, dass solch eine soziale Architektur – wie sie etwa die Bauten von Anna Heringer in Bangladesch oder von Francis Kéré in seinem Heimatdorf Gando in Burkina Faso zeigen – neben all den „Signature Buildings" immer mehr in den Fokus und damit ins Bewusstsein einer internationalen Fachöffentlichkeit rückt. In diesem Zusammenhang werden zunehmend traditionelle und regional verfügbare Baustoffe wie Lehm oder Bambus wiederentdeckt. Gleichzeitig erfolgt – aller Globalisierung zum Trotz (oder gerade deswegen?) – an den unterschiedlichsten Orten der Welt die Rückbesinnung auf regionale Bauweisen. Das verdeutlicht das Werk von Studio Mumbai in Indien ebenso wie das von Wang Shu und Amateur Architecture Studio in China, das demonstrieren aber auch aktuelle Tendenzen in Südtirol, Slowenien oder Vietnam. So löst sich in den letzten 25 Jahren die Architektur zunehmend von ihren westlich geprägten Idealen und Dogmen. Neue Protagonisten aus Indien und Südamerika, aus China und Afrika bringen nun vollkommen neue Konzepte mit ein.

Als Chefredakteur einer der international führenden Architektur-Fachzeitschriften konnte ich diese faszinierende Zeit hautnah begleiten. Meine 25 Jahre bei DETAIL sind geprägt von der Begegnung mit faszinierenden Gebäuden und Baustellen, mit eindrucksvollen Architekten sowie mit herausragenden Ingenieuren und Bauherrn. In diesem Vierteljahrhundert konnte ich jedoch auch zahlreiche Architektenpersönlichkeiten kommen und gehen sehen. Nur allzu gut erinnere ich mich an meinen ersten Besuch bei Kazuyo Sejima Ende der 1990er-Jahre, daran wie sie mich in ihrem etwas chaotischen kleinen Büro in einem ehemaligen Industriebau in Tokio empfängt und begeistert ihre Projekte erklärt. Ihr Mitarbeiter Ryue Nishizawa und Partner bei SANAA – damals kennt das Büro noch niemand – fährt mich mit einem alten Auto durch die Stadt, um mir Sejimas kleine Wohnhäuser zu zeigen. Heute sind beide längst Pritzker-Preisträger, haben international viel bewunderte Ikonen

and Vietnam. Thus in the last 25 years, architecture has increasingly left behind ideals and dogmas shaped in the West. New protagonists from India and South America, from China and Africa, are introducing entirely new concepts.

As editor-in-chief of one of the leading international architecture journals, I had the opportunity of accompanying this exciting development first-hand. My 25 years at DETAIL were shaped by encounters with fascinating buildings and construction sites, with impressive architectural personalities as well as outstanding engineers and clients. This quarter of a century, however, also meant seeing architectural personalities come and go. All too vividly I remember my first visit to Kazuyo Sejima, and how she received me in her small office in a run-down former industrial building. Her colleague, Ryue Nishizawa, partner of SANAA, an architecture practice which was then still unknown, drove me around the city in an old car to show me Sejima's small residential buildings. Today, both architects have long since been Pritzker awardees, and have created internationally much-admired icons such as the Rolex Learning Center, or the Louvre in Lens, becoming role models, especially for the younger generation. In other cases, however, it's exactly the opposite: Some of the great "stars" from those days, though still active, talked about in professional circles today. This is often the case when architects continuously orchestrate the same fad and turn it into a brand, applying it to ever larger and more commercial projects.

wie das Rolex Learning Center oder den Louvre in Lens geschaffen und sind zu Vorbildern, vor allem der jüngeren Generation, avanciert. In anderen Fällen dagegen ist es genau umgekehrt. Über manche der ganz großen „Stars" von damals spricht heute, obwohl noch immer aktiv, in Fachkreisen kaum noch jemand. Das ist oft dann der Fall, wenn Architekten ihre immer gleiche Masche zur Marke inszenieren und auf stets größere oder kommerziellere Projekte anwenden.

Die nachfolgend beschriebenen 25 Bauwerke, die alle im letzten Vierteljahrhundert in DETAIL oder einer der angegliederten Buchreihen veröffentlicht wurden, sollen diese Zeitspanne repräsentieren. Als eines allerdings darf die Zusammenstellung keinesfalls gesehen werden: als Ranking der Besten oder gar als Architekturgeschichte der letzten Jahrzehnte. Dafür ist die Auswahl der Projekte sicherlich nicht repräsentativ. Drei Jahrzehnte auf 25 Bauten zu verdichten, ist ein fast unmögliches Unterfangen. Um konsequent zu bleiben, habe ich mich weitgehend auf Highlights international renommierter Architekten beschränkt. Damit aber fallen die vielen sehr gut gemachten kleineren und meist lokal bedeutenden Bauten durchs Raster. Und gerade diese lagen mir in meiner Zeit in der Redaktion oftmals besonders am Herzen.

Dafür zeigt die Auswahl Bauwerke, die maßgeblich für eine gewisse Entwicklung stehen. Die einzelnen Texte dazu zeigen den übergeordneten Zusammenhang auf. Dabei kann es sich um einen bestimmten Trend ebenso handeln wie um das Werk ihres jeweiligen Architekten, die Geschichte des Gebäudes selbst oder dessen Beitrag im Kontext seiner Stadt. Natürlich ist eine solche Auswahl sehr stark auch persönlich geprägt. Es sind Bauten, die ich fast ausschließlich selbst gesehen und deren Architekten ich getroffen habe. Vor allem aber sind es Bauwerke, die der Architektur ihrer Zeit wichtige Impulse gegeben haben, sei es in städtebaulicher oder formaler, in konstruktiver oder sozialer Hinsicht. Eines haben sie alle gemein: Es sind Gebäude, die Zeichen setzen.

The following 25 projects, which over the last quarter of a century have all been published in DETAIL or in one of the accompanying book series, are meant to represent this time period. However, the compilation is by no means to be viewed as a ranking of the best architects, or even as architectural history of the past few decades; for this purpose, the selection is certainly not really representative. Compressing three decades into 25 buildings is an almost impossible undertaking. For the sake of consistency, I had to restrict myself to highlights by internationally renowned architects. In doing so, the many very well-made, smaller, and usually locally important buildings, which have been particularly dear to me during my time as editor-in-chief, unfortunately had to remain unconsidered.
To make up for this, the selection includes examples of architecture that stand for certain developments. The individual project texts attempt to place the buildings in an overriding context, which may, for instance, involve a certain trend, the work of their respective architects, the buildings' own history, or their contribution in the city context. Such a selection is, of course, also highly personal. It contains buildings which I have almost exclusively seen myself; whose architects I met. Above all, however, it contains buildings which gave important impulses to the architecture of their time, be it in urban or formal, constructional or social terms. One thing, however, they all have in common: they are landmark buildings which have set an example.

Erweiterung Grand Louvre in Paris
Grand Louvre Extension in Paris
Ieoh Ming Pei, New York

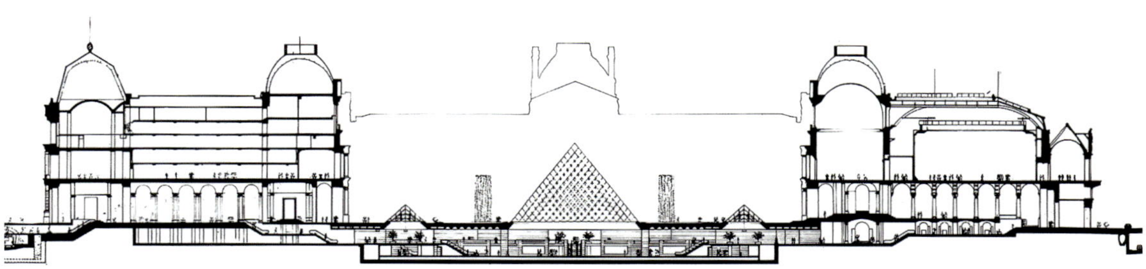

Sie gehört längst zu den bekanntesten Wahrzeichen von Paris: Die gläserne Pyramide im Louvre. Als Ieoh Ming Pei sein Konzept dafür Mitte der 1980er-Jahre der Öffentlichkeit präsentiert, geht allerdings zunächst ein Aufschrei des Entsetzens durch Frankreich. Wie kann es ein Architekt wagen, noch dazu ein Amerikaner, ein derart futuristisches Gebilde zwischen die altehrwürdigen Gemäuer des Louvre zu stellen?

Doch Glas ist bei einem Prestigeprojekt zu dieser Zeit beinahe schon Pflicht. Kein anderes Material zeigt damals einen vergleichbaren Entwicklungsschub und ist gleichermaßen dazu prädestiniert, Fortschritt und Eleganz sowie technische Raffinesse zu repräsentieren. So spielt der Baustoff auch bei den anderen der zur damaligen Zeit vom französischen Präsidenten François Mitterrand initiierten „Grands Projets" meist eine entscheidende Rolle – etwa bei den berühmten Gewächshäusern in der Cité des Sciences oder der gläsernen Nationalbibliothek von Dominique Perrault. Mit seinen großen Architekturprojekten versucht Mitterrand sich selbst ein Denkmal zu setzen, offiziell aber der Kultur seines Landes maßgebliche Impulse zu geben.

Für Pei hat die prägnante Pyramide noch eine ganz andere Funktion: Mit dem transparenten Baukörper möchte er möglichst viel Licht in den Untergrund bringen sowie einen zeichenhaften Eingang für das weltbekannte Museum schaffen. Die geforderte Neuorganisation des Louvre findet in seinem Konzept nämlich überwiegend unterirdisch statt. Anders wäre das notwendige Programm – ein neuer repräsentativer Eingang sowie eine breit angelegte Erschließung mit allen dazugehörigen Räumlichkeiten – kaum möglich, ohne die historische Substanz zu beeinträchtigen. So ist die Pyramide, die ihrem Bauherrn Mitterrand bald den offiziellen Spitznamen „Mitterramses" einbringt, vergleichbar mit der aus dem Wasser herausragenden, sichtbaren Spitze eines Eisbergs – ein zeichenhaftes Symbol für den unter der Erde versteckt liegenden, aber weit größeren Teil des Bauwerks.

Für François Mitterrand ist die Neugestaltung des Louvre seinerzeit eine Angelegenheit von staatstragender Dimension. Gleich auf seiner allerersten Pressekonferenz als neu gewählter Präsident gibt er 1981 den Startschuss für das Projekt und verkündet, dass zukünftig der gesamte Palais du Louvre – bis zur Revolution der Sitz der französischen Könige – als Museum genutzt werden soll. Mit Auslagerung des Finanzministeriums, das damals noch den nördlichen Flügel belegt, erhalten die Sammlungen deutlich mehr Raum, wissenschaftliche Einrichtungen werden integriert und nicht zuletzt sollen die Erschließungssituation und die Infrastruktur deutlich verbessert werden.

Zwei Jahre später gibt Mitterrand eine weitere einsame Entscheidung zu diesem Thema bekannt: Er benennt, ohne weiteren Wettbewerb, Ieoh Ming Pei zum Architekten für das Projekt. Pei, in den USA beheimatet, aber noch in China geboren, hatte sich international bereits einen Namen als Museumsplaner gemacht, unter anderem mit der Erweiterung der National Gallery of Art in Washington (1978). Ähnliche Aufgaben wie dort erwarten ihn nun auch in Paris. Pei strukturiert den Louvre komplett neu, verändert die Zugangssituation und Erschließung, vergrößert aber auch die

One of the most well-known landmarks of Paris is undoubtedly the glass pyramid at the Louvre. However, when Ieoh Ming Pei presented the concept for it to the public in the mid-1980s, a huge outcry initially went across France: How could an architect – and an American one too – dare to place such a futuristic structure in the midst of the venerable walls of the Louvre?

At the time, the use of glass had, however, almost become mandatory for prestigious building projects. No other material had experienced a comparable developmental boost, seeming predestined for representing advancement and elegance, as well as technical sophistication. As such, back then, this building material usually also played a decisive role in the other Grands Projets initiated by the French president, François Mitterrand, as in the famous greenhouses in the Cité des Sciences, or the glazed national library by Dominique Perrault. With his large-scale architecture projects, Mitterrand attempted to create a memorial to himself, and officially give vital impulses to the culture of his country.

For Pei, the eye-catching pyramid, however, also had another very different function: Since his concept envisaged to meet the demand for newly organising the Louvre primarily on the subterranean level, he wanted to use the transparent building to bring as much light as possible below ground, as well as create a symbolic entrance for the world-famous museum. It would hardly have been possible to accommodate the required programme – including a new representative entrance and spacious circulation with all its corresponding spaces – in a different manner, without adversely affecting the historical building stock. In the process, the pyramid which soon earned its client, Mitterrand, the official nickname "Mitterramses", became comparable to the visible tip of an iceberg jutting out of the water – a figurative symbol for the much larger part of the building hidden below the ground.

For François Mitterrand, the remake of the Louvre at that time was a matter of national significance. Already in his very first press conference as newly elected president, he gave the go-ahead to the project in 1981, and announced that the entire Palais du Louvre – the seat of the French kings until the Revolution – was to be used as a museum in future. Following the relocation of the ministry of finance, which until then had occupied the northern wing, the collections were given considerably more space; scientific facilities were integrated; and not least accessibility and infrastructure were to be significantly improved.

Two years later, Mitterrand announced another standalone decision on this subject, nominating Ieoh Ming Pei as the project's architect without further competition. Pei, residing in the USA and born in China, had already made a name for himself internationally as a museum planner with the extension of the National Gallery of Art in Washington, D.C. (1978), amongst others. Similar tasks now awaited him in Paris. Pei completely restructured the Louvre, changing the entrance situation and accessibility, while also enlarging the exhibition spaces. Moreover, he created entirely new spatial impressions by covering former courtyards with glass roofs, thereby converting them into interior spaces. His most striking intervention remains the approximately 22-metre-high pyramid.

The image of the emblematic glass crystal was everpresent when Pei designed the pyramid, as it has been for many

Ausstellungsbereiche und schafft vollkommen neue Raumeindrücke, indem er ehemalige Höfe mit Glasdächern überdeckt und damit zu Innenräumen umfunktioniert. Sein markantester Eingriff ist und bleibt die etwa 22 Meter hohe Pyramide.

Wie schon so viele Architekten vor ihm, träumt auch Pei bei deren Entwurf vom Sinnbild des gläsernen Kristalls. Im Gegensatz zu diesen hat er jedoch ganz andere Möglichkeiten, dieses Ideal auch umzusetzen. Denn kein Aufwand, weder finanziell, noch in technologischer Hinsicht, ist für Frankreichs bedeutendstes Museum und Mitterrands Lieblingsbauvorhaben zu teuer. Dem Architekten ist bewusst, dass er die größtmögliche Transparenz erreichen und störende Spiegelungen vermeiden muss, will er die gläserne Form tatsächlich integrieren. Nur, wenn die historischen Fassaden dahinter durchscheinen, bleibt die Kontinuität des Cour Napoléon gewahrt.

So fordert Ieoh Ming Pei von den beteiligten Ingenieuren und Firmen absolut ebene Flächen und lässt zu diesem Zweck ein besonders glattes sowie extraweißes Glas entwickeln. Auch an die Tragkonstruktion aus Edelstahl stellt der Architekt höchste Ansprüche hinsichtlich der Präzision. Dem Wesen eines Kristalls entsprechend zeigt diese keine Unterscheidung in Haupt- und Nebenträger. Von außen bleibt nur ein gleichmäßiges rautenförmiges Gitter sichtbar.

Glas spielt einige Jahre später bei der 1993 abgeschlossenen Überdachung der drei Höfe des Richelieu-Flügels ebenfalls eine wesentliche Rolle. Auch hier wollen die beteiligten Planer und der Bauherr mit dem transparenten Material sowie dem Einsatz neuester Technologie Fortschritt symbolisieren. So entstehen in Zusammenarbeit mit den Ingenieuren von RFR (Rice Francis Ritchie), die auch bei der Pyramide beteiligt waren, selbst für die damalige Zeit ausgesprochen filigrane Dächer. Diese lassen viel Licht ins Innere und beeinträchtigen die historischen Hoffassaden dabei kaum.

Zwanzig Jahre später dagegen ist ein aufgelöstes Glasdach keine wirkliche Besonderheit mehr. In der Architektur ist jetzt vor allem wieder Stofflichkeit gefragt. So können sich die Architekten des letzten großen Eingriffs im Louvre vollkommen davon freimachen, technische Höchstleistungen zur Schau zu stellen. Bei ihrem 2013 vollendeten Projekt, der Überdachung des Cour Visconti, das nicht mehr Bestandteil des Konzepts von Pei ist, sondern nun auf einen gewonnenen Wettbewerb zurückgeht, nutzen Mario Bellini und Rudy Ricciotti den Baustoff Glas nur noch dazu, Licht in den Raum zu bringen. Unterseitig aber bekleiden sie das Material mit einem doppelschichtigen Gitter aus Streckmetall. Die somit erreichte schleierartige Anmutung passt nun ausgezeichnet zu den Ausstellungsstücken der neu geschaffenen Abteilung für islamische Kunst.

Ieoh Ming Pei konnte derweil im April 2017 seinen hundertsten Geburtstag feiern. Sein Konzept zur Neuorganisation des Louvre war ursprünglich für vier Millionen Besucher im Jahr ausgelegt. Daraus sind längst mehr als acht Millionen geworden. Der Louvre ist das mit Abstand meist besuchte Museum der Welt. Gewiss ist der enorme Andrang auch der Architektur zuzuschreiben. Einen nicht unerheblichen Anteil daran hat aber auch der mit der zunehmenden Globalisierung einhergehende Massentourismus.

architects before him. Unlike his predecessors, however, he had at his disposal entirely different possibilities for implementing this ideal, since no effort – neither financial nor technological – was to be spared for France's most important museum, and Mitterrand's favourite building project. The architect was aware that he had to achieve the largest possible transparency while avoiding disturbing reflections if he was to succeed in integrating the glass form. Only if the historical facades could shine through from behind the structure would the continuity of the Cour Napoléon be preserved.

As such, Ieoh Ming Pei demanded fully even surfaces from the involved engineers and firms, and had an especially smooth and extra-white glass developed for this purpose. For the load-bearing structure made of stainless steel, he also demanded the highest standards with respect to precision. Corresponding to the nature of a crystal, the structure makes no distinction between main beams and secondary beams. From the outside, only a uniform diamond-shaped lattice remains visible.

A few years later, glass likewise played a major role in roofing the three courtyards of the Richelieu wing, completed in 1993. Here too, the involved planners and the client wanted to use the transparent material and the latest technology to symbolise progress. As a result, and in cooperation with the engineers at RFR (Rice Francis Ritchie), who had also participated in the construction of the pyramid, filigree roofs which were highly delicate for the time were constructed, admitting plenty of light into the interior while hardly affecting the historical courtyard facades.

Twenty years on, a dissolved glass roof isn't really something special anymore. In architecture today, it is a building's materiality which is, above all, in demand once again. As such, the architects of the most recent intervention at the Louvre have been able to free themselves entirely from demonstrating maximum technical prowess. In their project for roofing the Cour Visconti, completed in 2013, and which is not anymore part of Pei's concept but simply goes back to a won competition, Mario Bellini and Rudy Ricciotti only used glass to bring light into the space, while they clad the material on the underside with a double-layered grid made of expanded metal. The filtered quality thus achieved excellently blends with the exhibits of the newly created Department of Islamic Art.

Ieoh Ming Pei celebrated his hundredth birthday in April 2017. His concept for the reorganisation of the Louvre had originally been planned for four million visitors a year, whose numbers have long since increased to over eight million. The Louvre is by far the most visited museum in the world. Undoubtedly, the huge crowds are also attributable to the architecture, while a significant share may be ascribed to mass tourism accompanying rising globalisation.

„Unsere heutige Welt wird zunehmend von Computern bestimmt und der physische Aspekt der Dinge verliert zusehends an Bedeutung. Deshalb müssen Architekten Orte schaffen, die das Gefühl für den Körper intensivieren und ein wirkliches Erfahren des Raums im physischen Sinne ermöglichen. […] Ich möchte von der traditionellen Architektur keine Formen oder Stilelemente übernehmen, sondern nur etwas von deren Geisteshaltung.

Ich suche neue Ausdrucksmöglichkeiten für alte Werte. Aber die Erscheinungsform ist geometrisch und modern, die verwendeten Materialien sind zeitgenössisch. Auf diese Art möchte ich meine Botschaft an die nächste Generation weitergeben.“

Tadao Ando im Interview in DETAIL 2/1997

"Our modern world is increasingly dominated by computers, and the physical aspect of things is gradually losing significance. For that reason, architects must create places that intensify the sense of the body and that stimulate a genuine experience of space in physical terms. […] I don't wish to adopt any forms or stylistic elements from traditional architecture, but rather something of the mental attitude that underlies it.

I am looking for new forms of expression for old values. The appearance, however, is geometric and modern, and the materials used are those of the present. In this way, I wish to pass on my message to the next generation."

From an Interview with Tadao Ando in DETAIL 2/1997

Kirche des Lichts in Ibaraki
Church of the Light in Ibaraki
Tadao Ando, Osaka

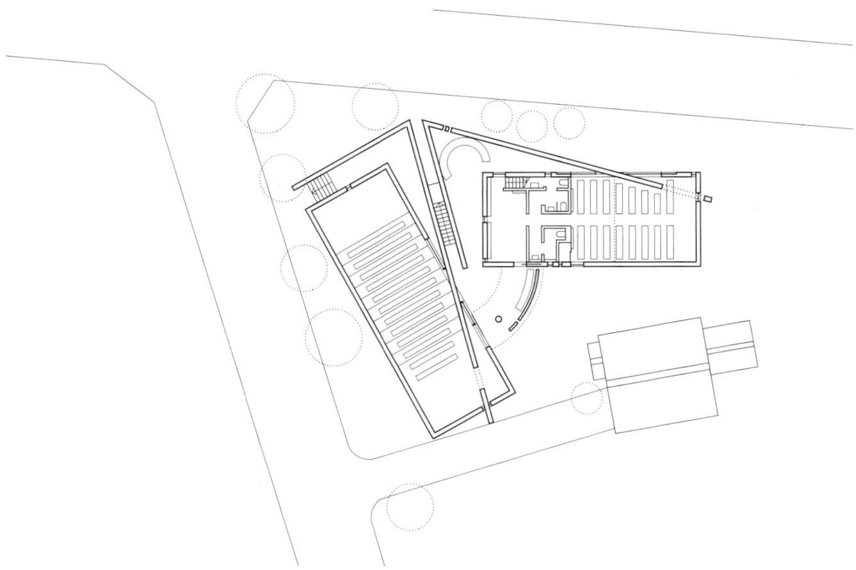

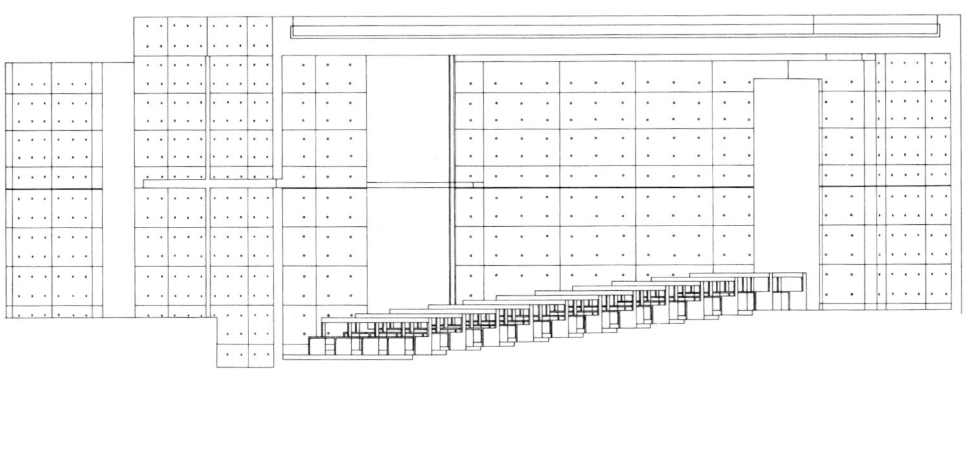

Der Kirchenraum mit dem strahlenden Lichtkreuz / Church interior with the dazzling cross of light

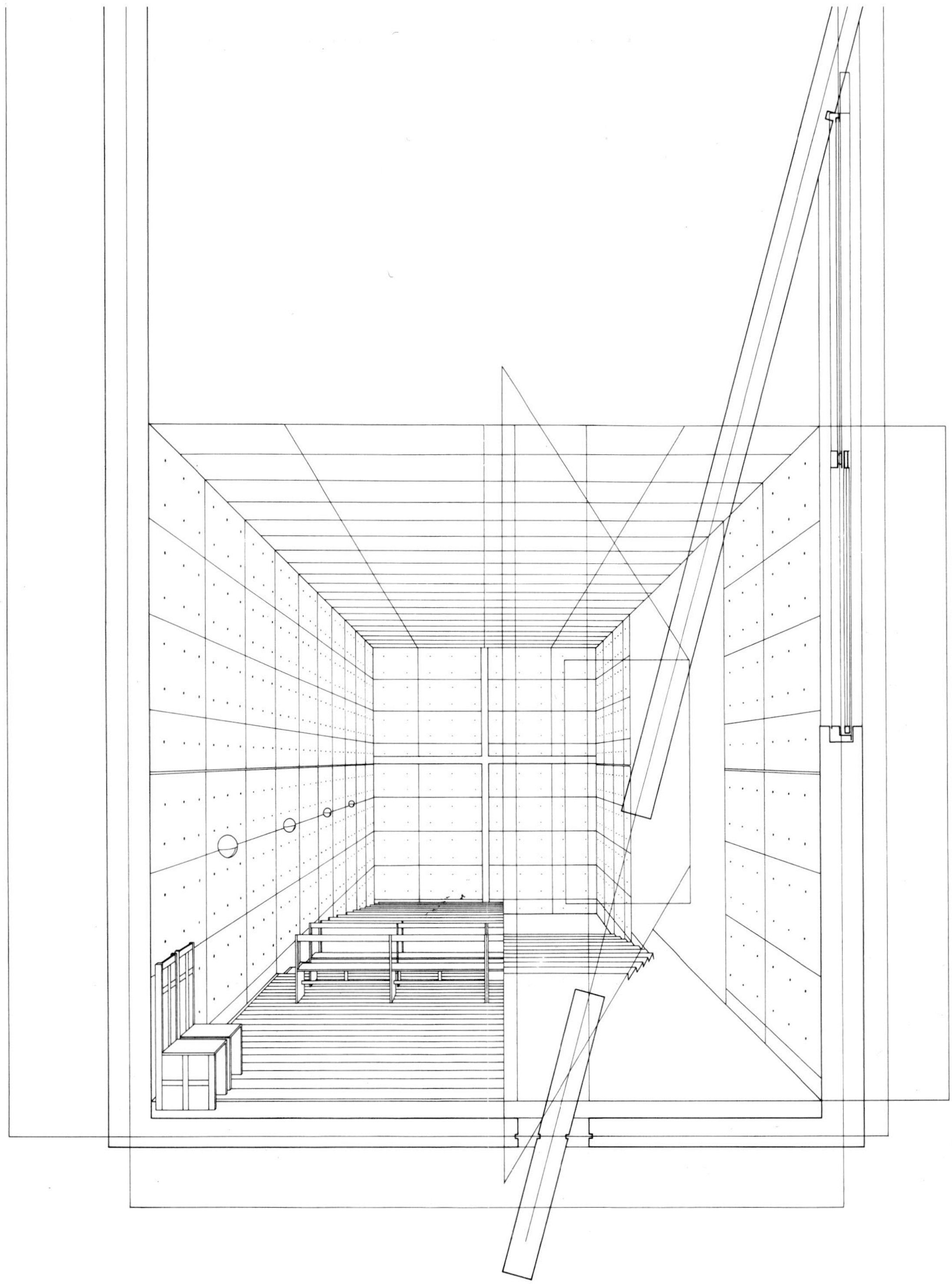

Tadao Ando ist ein Phänomen unter den Architekturstars: Der gleichermaßen sensible wie scheue Baumeister aus Osaka hatte sich als Lastwagenfahrer und Profiboxer versucht, bevor er als Autodidakt die Architektur für sich entdeckt. Doch seit er erstmals 1976 mit einem winzigen Wohnhaus aus Sichtbeton auf sich aufmerksam machte, fasziniert er die Fachwelt mit seinem eigenen unverwechselbaren Stil, der sich durch einen meisterhaften Umgang mit Licht und Material auszeichnet. Den internationalen Durchbruch schließlich erfährt er mit der 1989 vollendeten Kirche des Lichts in Ibaraki, einem kleinen Ort im unendlichen Häusermeer zwischen Osaka und Kyoto.

Ando, der Le Corbusier und Louis Kahn verehrt und sich zu den Grundsätzen der Moderne bekennt, ist gleichzeitig ein sehr japanischer Architekt. Wie kaum einem anderen gelingt es ihm, die Prinzipien – und eben nicht die formalen Merkmale – der Tradition seines Heimatlands in die Gegenwart zu übertragen. Das gilt für den Umgang mit Licht und Schatten ebenso wie für die des Raums, für den Bezug der Gebäude zur Natur und das für ihn so wichtige Erlebbarmachen der Jahreszeiten. Gleiches gilt neben seinen perfekten und sehr reduzierten Details aber auch für die Wegeführung, die bei ihm selten direkt verläuft, sondern den Besucher durch einen gezielten Umweg an das Gebäude heranführt.

Nicht zuletzt aber ist es sein Sichtbeton, für den Tadao Ando international bewundert wird. Ando entdeckt den Baustoff in einer Zeit für sich, als dieser im Westen aus der Mode, oder besser gesagt, unverkleidet auch unter Architekten kaum mehr geduldet ist und gewinnt ihm dabei vollkommen neue Qualitäten ab. Dazu zählen die Inszenierung der Ankerlöcher ebenso wie seine samtig-glatten Oberflächen. Für beides findet er weltweit schnell Nachahmer und verhilft dem Material damit zu einer ungemeinen Renaissance.

Als Ando das Gotteshaus für die kleine protestantische Gemeinde in Ibaraki fertigstellt, hat er bereits in Kobe (Chapel on Mount Rokko, 1986) und auf Hokkaido (Church on the Water, 1988) zwei Hochzeitskapellen gebaut – für die meisten Japaner sind Kirchen vor allem Einrichtungen, um im westlichen Stil heiraten zu können. Mit dem Andachtsraum kann er nun erstmals seine Fähigkeit unter Beweis zu stellen, kontemplative Räume zu schaffen – und das gelingt ihm beispielhaft, trotz eines extrem knappen Budgets.

Auch in Ibaraki macht Ando das Licht neben dem Beton zu seinem wesentlichen Gestaltungselement. Besonders eindrucksvoll zeigt sich das an dem signethaften strahlenden Kreuz in der Altarwand, aber auch an dem mystischen Licht über der schräg gestellten Längswand, das dieser einen besonderen Glanz verleiht.

Ando, ein Meister der Reduktion, setzt auf einfache Geometrien, die er im Grundriss überlagert, um räumliche Spannung zu erreichen. Wie bei den meisten

Tadao Ando is a phenomenon among the stars of architecture: The sensitive and equally shy master builder from Osaka had initially tried his hand at driving lorries as well as professional boxing before discovering architecture for himself as an autodidact. Ever since he first attracted attention in 1976 with a tiny residential building of exposed concrete, the professional community has been fascinated by his distinctive style, characterised by a masterful handling of light and material. He finally had his international breakthrough in 1989, with the completion of the Church of the Light in Ibaraki, a small town in the endless sea of houses between Osaka and Kyoto.

Ando, who admires Le Corbusier and Louis Kahn, and is committed to the principles of modernity, is at the same time a very Japanese architect. Like no other, he succeeds in transferring the principles, rather than the formal features, of the tradition of his home country to the present. This applies to the treatment of light and shadow, and to that of the space itself; to the buildings' relationship with nature; and to making the seasons perceivable, which is so important for him. It also applies to his perfect and highly reduced details and to the way in which he rarely leads visitors directly to the building but rather via a calculated detour.

Not least, it is his exposed concrete for which Tadao Ando is internationally admired.

Ando discovered the building material for himself at a time when it had fallen out of fashion in the West, or rather, was hardly tolerated in its unclad form even among architects, and achieved entirely new qualities with it. This includes the orchestration of its anchor holes as well as its velvety smooth surfaces. For both these aspects, he quickly found imitators around the world, thus helping the material achieve a tremendous renaissance.

When Ando completed the place of worship for the small Protestant community in Ibaraki, he had already built two wedding chapels, in Kobe (Chapel on Mount Rokko, 1986) and Hokkaido (Church on the Water, 1988). For most Japanese, churches are above all institutions for marrying in the western style. With the prayer room, he is for the first time able to demonstrate his ability to create contemplative spaces, which he exemplarily succeeds at despite an extremely tight budget.

In Ibaraki too, Ando turns light, alongside concrete, into his main design element. This is impressively demonstrated by the signet-like, gleaming cross in the altar wall, but also by the mystical light above the diagonal longitudinal wall, giving it a special shine.

Ando, a master of reduction, emphasises simple geometries, which he overlaps on floor plans to achieve spatial sus-

seiner Wohnhäuser schottet er auch bei seiner Kirche des Lichts den Innenraum konsequent von der lauten Umgebung ab. Den Baukörper bildet im Wesentlichen ein aus drei Würfeln zusammengesetzter Quader, den eine frei stehende Wandscheibe diagonal in einem Winkel von 15 Grad durchdringt. Auf diese Weise trennt der Architekt das Weltliche vom Sakralen und bildet gleichzeitig den Eingangsbereich.

Schon wenige Jahre später erhält Ando die Gelegenheit, die Kirche des Lichts um eine Sonntagsschule zu erweitern. Dabei gelingt ihm das nicht selbstverständliche Kunststück, seinem eigenen, mittlerweile zur Architekturikone avancierten Gebäude, einen Neubau von gleicher Qualität an die Seite zu stellen, der mit diesem nun zu einer beinahe selbstverständlich wirkenden Einheit verschmilzt. Das liegt vor allem daran, dass der Architekt im Wesentlichen auf die gleichen bewährten Stilmittel zurückgreift, anstatt das neue Haus gestalterisch abzusetzen. Bei späteren Projekten funktioniert die Methode, mit den stets ähnlichen Stilmitteln zu arbeiten, allerdings nicht mehr uneingeschränkt.

Als im Laufe der Jahre nämlich die Aufträge zahlreicher und immer größer werden, sieht sich Tadao Ando mit dem gleichen Problem konfrontiert wie viele erfolgreiche Kollegen, die ihren Stil zur Marke kultivieren: Die gleichen Gestaltungsmerkmale, die seine kleinen, sehr sinnlichen und gelegentlich meditativen Bauwerke auszeichnen, lassen sich nicht ohne Weiteres auf immer größere und manchmal kommerzielle Bauaufgaben (wie etwa das beinahe 1000 Meter lange multifunktionale Omotesando-Hills-Projekt in Tokio, 2005) übertragen, ohne drastisch an Kraft zu verlieren. Schon bei vielen seiner zahlreichen Museen wiederholen sich die Formen, die Geometrien verselbstständigen sich. Gelegentlich kehren sich dabei seine ursprünglichen Qualitäten gar ins Gegenteil um, wenn die stets ähnlichen Muster erschöpft sind und die Raumfolgen keine Überraschung mehr bieten.

Zwar gelingen Ando immer wieder vereinzelt herausragende Bauwerke wie beim Umbau der Punta della Dogana in Venedig (2009) oder dem Museum auf Naoshima für den Künstler Lee Ufan (2010), seinen großen Einfluss auf die internationale Architektur wie in den 1990er-Jahren aber hat er längst eingebüßt. Seine kleine Kirche des Lichts indes hat auch gut 30 Jahre nach ihrer Fertigstellung nichts von ihrer ursprünglichen Ausstrahlung und Faszination verloren und wird noch immer von Unmengen von Architekturtouristen besucht. Und auch für Ando selbst hat sie innerhalb seines umfangreichen Werks einen besonderen Stellenwert. Das zeigt sich unter anderem daran, dass die stilisierte Skizze mit dem Kreuz längst zu seiner zweiten Unterschrift geworden ist, mit der er Bücher oder persönliche Schriftstücke signiert.

pense. As in most of his residential buildings, he rigorously sealed off the interior of the Church of the Light from the noisy environment. The building structure mainly comprises a cuboid consisting of three cubes, which is diagonally pierced by a freestanding wall slab at an angle of 15 degrees. In this way, the architect separates the secular from the sacred, while simultaneously giving shape to the entrance area.

Only a few years later, Ando had the opportunity to extend the Church of the Light by a Sunday school. In doing so, he succeeded in the challenging task of adding a new, qualitatively equal building to his existing building, which had in the meanwhile become an architectural icon, fusing them into a seemingly self-evident unity; in doing so, the architect primarily drew on the same proven stylistic means, instead of setting the design of the new building apart. In later projects, however, this method of continuously working with similar stylistic means only seemed to work in a limited manner.

As the assignments continuously became more numerous and more extensive over the years, Tadao Ando was faced with the same problem many successful colleagues face who cultivate their style as a brand: The design features characterising his small, highly sensual, and occasionally meditative buildings, could not readily be applied to increasingly large and sometimes commercial construction tasks (such as the nearly 1,000-metre-long, multifunctional Omotesando Hills project in Tokyo, 2005) without dramatically losing their power. Already in many of his numerous museums, the forms seem to repeat themselves, with the geometries seemingly assuming a separate existence. In the process, the original qualities in his architecture sometimes even change to the contrary, once the constantly similar patterns have been exhausted, and the spatial sequences cease to offer any surprise.

Though Ando time and again succeeds in constructing outstanding buildings, such as for the conversion of the Punta della Dogana (2009) in Venice, or the Museum in Naoshima for the artist Lee Ufan (2010), the significance he had for international architecture in the 1990s has since diminished. At the same time, his compact Church of the Light, even after more than 30 years following its completion, has not lost anything of its original allure and fascination, and is still being visited by vast numbers of architecture tourists. For Ando himself, it holds a special place within his extensive oeuvre as well, which is demonstrated by, amongst other things, the fact that the stylised sketch with the cross has long since become his second signature with which he signs books or personal writings.

Raffiniert gesetzte Lichtschlitze beleben den Beton. Links: Kirche, rechts: Sonntagsschule / Artfully placed light slits animate the concrete. Left: Church, right: Sunday school

Montage der feldweise vorgefertigten Dachsegmente / Assembly of the prefabricated roof segment arrays

Terminal mit Lichtdach im Betrieb / Terminal with skylight in operation

Flughafen Stansted in London
Stansted Airport in London
Foster Associates, London

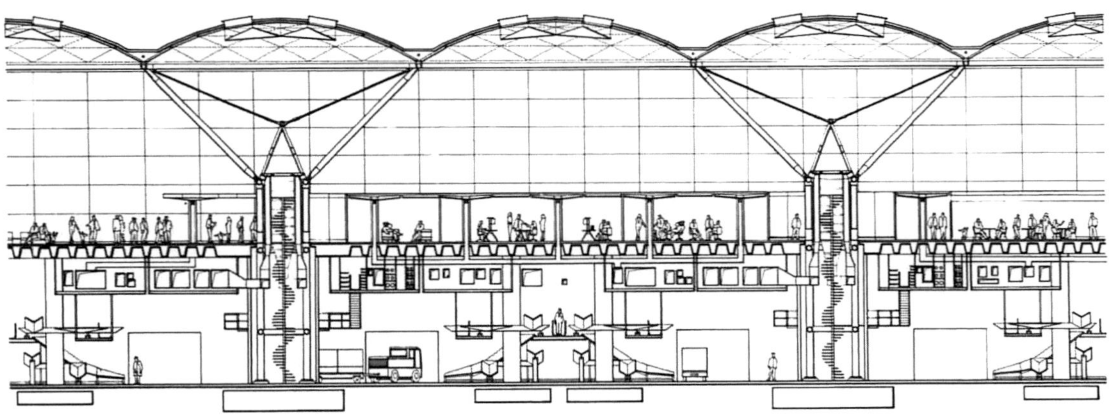

Fassadenschnitt, Maßstab 1:20 / Facade cross section, scale 1:20

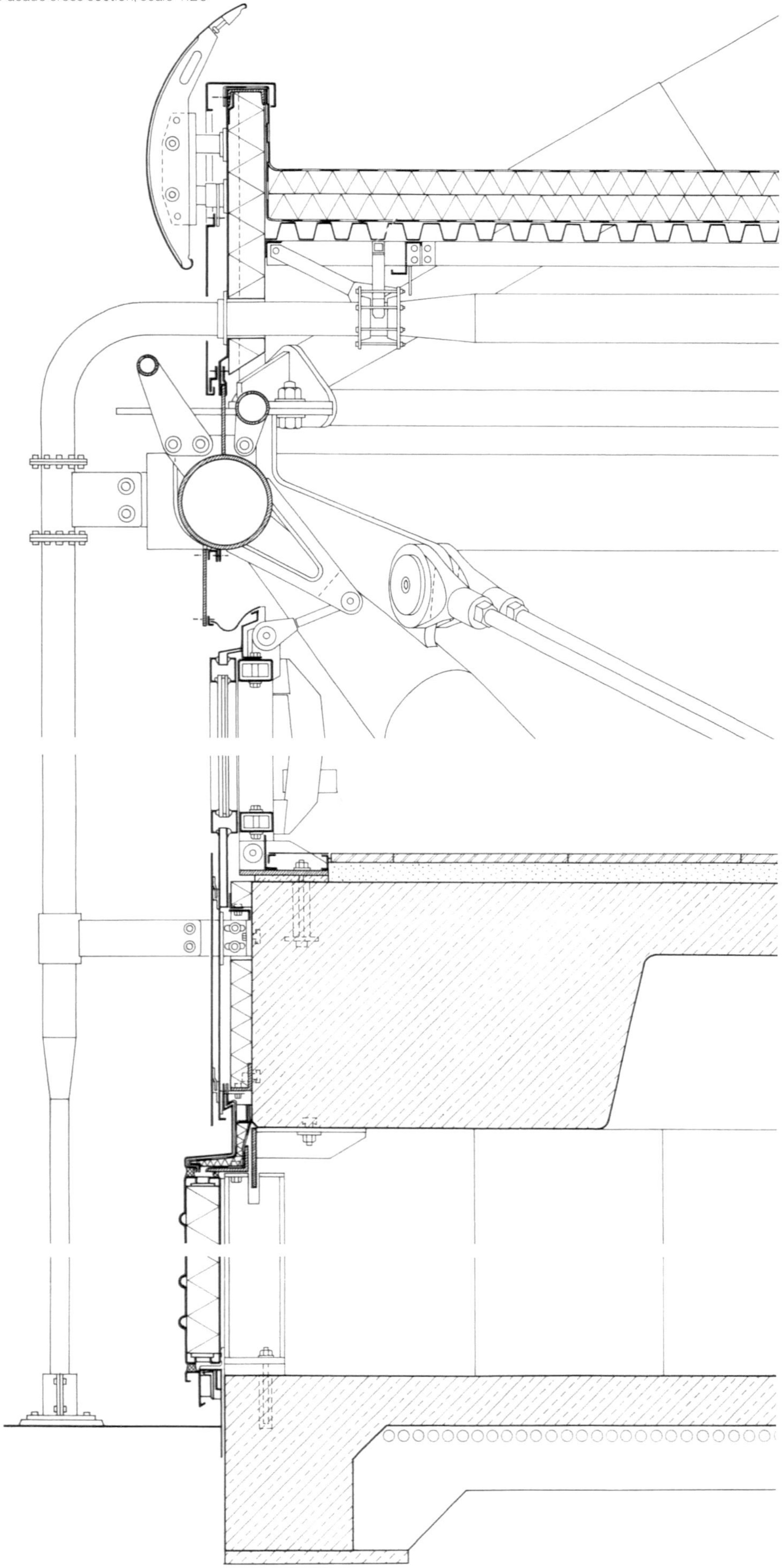

Baumstützen im Raster von 36 × 36 Metern tragen das Dach. / The roof is supported by a 36 × 36 metres grid of tree-like pillars.

Vorfahrt mit der um ein Dachfeld nach innen gesetzten Glasfassade / Airport access with the glass facade shifted inwards by one roof array

Mit wenigen Bleistiftstrichen skizziert Norman Foster dem Besucher das Prinzip des neuen und seiner Meinung nach richtungsweisenden Flughafens auf das vor ihm auf dem Tisch liegende Papier. Es ist ein Airport, der sich wieder auf-die Ursprünge der zivilen Luftfahrt besinnen soll und entsprechend einfach organisiert ist: ein rechteckiger Bau, bei dem der Passagier an der einen Längsseite vorfährt, dann geradlinig das Gebäude mit Passkontrolle und Security durchquert, um über den gegenüberliegenden Ausgang direkt zu seiner Maschine zu kommen. Der charismatische Engländer ist zu jener Zeit Anfang der 1990er-Jahre der unangefochtene König der Architekten – der weltweit renommierteste und am meisten bewunderte Kollege innerhalb des Berufstands. Jetzt kann Foster, selbst ein ausgebildeter Militärpilot und begeisterter Hobbyflieger, nach gewonnenem Wettbewerb erstmals nach eigenen Plänen einen Flughafen bauen.

Stansted, der dritte Londoner Airport, war seinerzeit durch das sich rasant entwickelnde Passagieraufkommen notwendig geworden. Deutlich kleiner konzipiert als die beiden älteren, versuchen ihn Foster Associates in die leicht hügelige Landschaft nördlich der Metropole einzubetten, mit einer Gebäudehöhe, die kaum die Bäume überragt. Das Terminal, in dem An- und Abflug auf nur einer Ebene untergebracht sind, organisieren sie – ganz der Grundidee entsprechend – in einem einzigen großen Raum von 32 000 Quadratmetern Fläche und mit freiem Blick von einem Ende zum anderen. Das soll dem Passagier die Orientierung erleichtern. Die wesentliche Besonderheit an Stansted jedoch ist das Dach, das die Architekten mit Fokus auf eine optimale natürliche Belichtung entwerfen. Um das zu erreichen, müssen sie zunächst die sterilen Abhangdecken loswerden, die in anderen Flughäfen üblich sind, um die gewaltigen haustechnischen Installationen zu verbergen, damit aber auch gleichzeitig den Blick zum Himmel versperren.

Zusammen mit den Ingenieuren von Ove Arup entwickeln die Architekten eine alles überspannende Dachstruktur, die im Raster von 36 mal 36 Metern von baumförmigen Stützenbündeln getragen wird, und führen im Kern jedes Pfeilerbündels sämtliche Versorgungsleitungen sowie eine Wendeltreppe zur Wartung vom darunterliegenden Funktionsgeschoss nach oben. Im Stützenkopf schließlich integrieren sie die Zu- und Abluftöffnungen, die Strahler für die Deckenbeleuchtung, Monitore mit Fluginformationen, Hinweisschilder, Uhren und sogar die Feuermelder und Schläuche. Das eigentliche Dach indes besteht aus einer Aneinanderreihung flacher Kuppeln aus Stahl und Aluminium, in deren Zentrum jeweils vier drei-

With a few pencil strokes, Norman Foster sketches out the schematic principle of the new and in his view pioneering airport for the visitor on the paper in front of him. It is an airport that once again recognises the origins of civil aviation, and correspondingly displays a simple organisation: a rectangular building, where passengers drive up along one long side, then cross the building in a straight line, passing passport control and security check, subsequently arriving at the opposite exit to directly reach their aircraft. At the beginning of the 1990s, the charismatic Englishman is the unchallenged king of architects – the globally most renowned and admired colleague in the profession. After attracting international attention with his Hongkong and Shanghai Bank building and other futuristic structures a few years earlier, Foster – who is a trained military pilot and avid hobby pilot – was able to implement his own plans for an airport for the first time after winning a competition.

Stansted, the third London airport, had become necessary due to rapidly increasing volumes of passengers at the time. Conceived to be significantly smaller than the two older airports, the architects attempted to embed it into the slightly hilly landscape north of the metropolis, applying a building height that hardly rises above the trees. In keeping with the basic idea, the terminal housing departures and arrivals on only a single level is structured around a single large space with an area of 32,000 square metres, providing an unobstructed view from one end to the other in order to simplify orientation for passengers. However, Stansted's most distinctive feature is its roof, which Foster Associates designed with a focus on optimal natural lighting. To achieve this, they first had to get rid of the sterile suspended ceilings common in other airports that have the purpose of concealing massive building services installations, while, however, blocking the view of the sky.

Together with the engineers at Ove Arup, the architects developed a wide-span roof structure, carried by a 36 × 36 metre grid of tree-like bundles of pillars. Functioning as "utility pillars", their cores accommodate all supply lines as well as a spiral staircase leading up from the service floor below for maintenance purposes. Finally, the pillar head contains vents for supply and exhaust air, spotlights for ceiling lighting, monitors for displaying flight information, signposts, clocks, even fire alarms, and hoses. The actual roof consists of a series of shallow domes of steel and aluminium in whose centre four triangular skylights are arranged

eckige Oberlichter angeordnet sind. Abgehängte, weiß gespritzte Lochbleche verhindern dabei eine direkte Sonneneinstrahlung, streuen das Tageslicht und reflektieren mit ihren Unterseiten die künstliche Beleuchtung. Das Ergebnis ist ein fantastisches, gleichmäßiges Licht bei Tag sowie bei Nacht, und ein überzeugend gestaltetes, raumwirksames Dach, dessen Konstruktionselemente überall sichtbar sind. Um die durchlaufende Wirkung dieses im Inneren 198 mal 162 Meter messenden Dachs nicht zu beeinträchtigen, sind alle Einbauten – Läden, Büros, Sanitärräume – frei in den Raum gestellt.

Eines aber bleibt Norman Foster von Beginn an versagt – der Traum, durch eine eingeschossige Halle direkt auf das Rollfeld zu gelangen, lässt sich heute mit all den Sicherheitschecks und den Massen an Passagieren wenigstens in den hochentwickelten Industrieländern nicht mehr verwirklichen. So werden auch in Stansted von Anfang an die Passagiere mit einer Bahn zu einem außen gelegenen Satellitenterminal gebracht, das die Fluggäste, zweigeschossig organisiert, nach Ankunft und Abflug trennt. Trotz allem aber kann sich der Architekt zugutehalten, dem Flughafenbau neue, entscheidende Impulse verpasst zu haben. Das Prinzip, einen wesentlichen Teil des Terminals unter einem großen, von oben belichteten Raum zusammenzufassen, wird in der Folgezeit zum maßgeblichen Typus. In einem Punkt indes hat Foster sich getäuscht. Denn statt vom Funktionsprinzip her einfacher zu werden, sind Flughäfen heute weit komplizierter organisiert, nicht zuletzt wegen der zunehmenden Kommerzialisierung, die den Planer dazu zwingt, die Passagiere im Zickzack an möglichst vielen Duty-Free-Shops und Imbissständen vorbeizuführen. Auch Stansted selbst wird davon leider nicht verschont. Mittlerweile hat das Maß an störenden Zusatzeinbauten und penetranter Werbung die Grenze des Erträglichen erreicht. So mag manch jüngerem Reisenden der Flughafen Stansted vor allem als Ankunftsort von Billigfluglinien bekannt sein. Dabei war er bei seiner Eröffnung zweifellos der in der Fachwelt meist beachtete Flughafen der Welt, der eindrucksvoll vor Augen führt, wie Norman Foster versucht, technische Erfordernisse so zu optimieren, dass eine funktionale und gestalterische Idee Wirklichkeit werden kann. Foster selbst durfte in seiner weiteren Karriere international noch verschiedene weitere Flughäfen entwerfen. Das Prinzip des riesigen, von oben belichteten Einraum-Terminals konnte er dabei eindrucksvoll und in weit größerer Dimension noch einmal beim Zentralbereich seines Airports in Peking im Jahr 2008 realisieren.

respectively. Suspended perforated plates sprayed in white avoid direct sunlight and scatter daylight, while their undersides also reflect the artificial light. The result is a fantastic, evenly spread light by day and by night, and a convincingly designed space-forming roof, whose constructional elements are visible everywhere. In order to avoid inhibiting the effect of the continuity of the roof, measuring 198 × 162 metres on the inside, all interior components such as shops, offices, and sanitary rooms are freely placed in the space.

However, there's one thing Norman Foster is denied from the start, and that is the dream of directly reaching the tarmac via a single-storey hall, something which cannot anymore be realised in today's time – at least not in the highly developed countries – on account of all the required security checks and masses of passengers. As such, also in Stansted, a train first brings passengers to an externally located satellite terminal, organising them on two floors, and separating them into arriving and departing passengers. In spite of all, however, the architect can be proud of having given new, decisive impulses to airport design. The principle of aggregating a significant part of the terminal beneath a large, sky-lit space became the definitive type in airport design in the subsequent period. One aspect, however, may not have fulfilled Foster's expectations over the course of time: Instead of simplifying functional principles, airports today are far more complexly organised, not least because of increasing commercialisation, which compels planners to lead passengers along as many duty-free shops and snack bars as possible in a zigzag fashion. Stansted too, has sadly not been left untouched by this; here too, the measure of annoying, added building components, as well as aggressive advertising, has in the meanwhile reached the limit of what is bearable. Many a young traveller may know Stansted Airport as the arrival point of low-cost airlines, though at its inauguration, the airport was undoubtedly the most noted airport building in professional circles all around the world. It strikingly demonstrates how Norman Foster attempted to optimise technical requirements so that a functional and artistic idea could be realised. In his further career, Foster has been able to design various other airports on an international scale, implementing anew the principle of the huge, sky-lit, single-space terminal in an impressive manner and on a much larger scale in the central area of his airport in Beijing (2008).

Plenarsaal mit Lichtdach und Glasfassade / Plenary hall with skylight and glass facade

Plenarbereich des Deutschen Bundestages in Bonn

Plenary Complex of the German Parliament in Bonn

Behnisch & Partner, Stuttgart

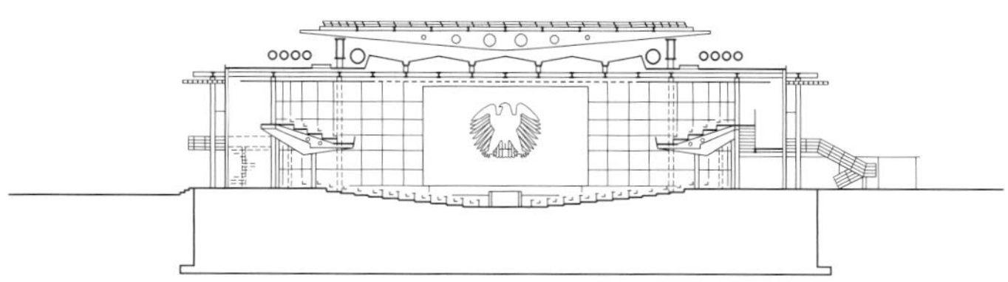

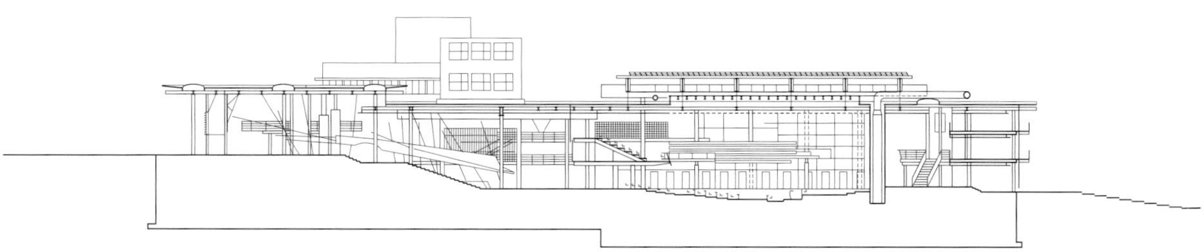

Er sollte ein Symbol für die Demokratie und ein Aushängeschild der Bundesrepublik Deutschland werden: leicht, transparent und lichtdurchflutet. Doch als der neue Plenarsaal des Bundestages in Bonn nach 20 Jahren Planungs- und Bauzeit mit sämtlichem Auf und Ab im Oktober 1992 endlich eröffnet wird, ist er bereits ein Sitzungssaal auf Zeit. Schneller als erwartet war der Eiserne Vorhang gefallen und bereits im Oktober 1990 kann die Wiedervereinigung der beiden deutschen Staaten besiegelt werden. Berlin wird wieder zur Hauptstadt Deutschlands bestimmt.

Bereits 1973 hatten Behnisch & Partner den Wettbewerb für das neue Parlamentsgebäude gewonnen. Günter Behnisch, ein durch und durch politischer Architekt, dessen Projekte stets auch seine gesellschaftliche Einstellung widerspiegeln, ist dafür geschaffen wie kaum ein anderer. So geht es ihm in erster Linie nicht um das fertige Gebäude, sondern eher um die „zu schaffende Situation". Behnisch ist jegliche Obrigkeit suspekt, er verachtet Monumentalität ebenso wie steinerne Schwere. Stattdessen will er Räume erzeugen, in denen sich der Mensch frei entfalten kann und seinen leicht wirkenden, transparenten Bauten sind gelegentlich auch bewusste optische Irritationen nicht fremd. Bereits mit den Bauten für die Olympischen Spiele 1972 in München hatten er und sein Team zusammen mit Frei Otto und Günther Grzimek ein Jahrhundertwerk geschaffen und damit der jungen Bundesrepublik ein neues Gesicht als offene und freiheitliche Nation gegeben.

Auch beim neuen Plenarbereich des Bundestages spielen Leichtigkeit, Licht und Transparenz eine wichtige Rolle. Trotz aller Sicherheitsauflagen gelingt es den Architekten, ein im doppelten Sinne durchsichtiges Parlament zu realisieren, das – zumindest optisch – offen ist für alle Bürger, sich aber gleichzeitig auf einzigartige Weise zur Landschaft am Rhein hin öffnet. Und auch mit seinem räumlichen Konzept will Behnisch die politische Kultur fördern. Er legt den neuen Sitzungssaal als kreisrunde Form an, um damit den offenen Diskurs auf Augenhöhe zu begünstigen. Mit seiner an ein Amphitheater erinnernden Gestalt schafft er das erste Parlament weltweit, zu dem man nicht über Stufen hinaufschreitet, sondern in das man hinuntergeht. Überdeckt ist der Saal miteinem großen ausgeklügelten Glasdach, das für ausreichend natürliches Licht sorgt, aber auch die Licht- und Wetterstimmungen außen erlebbar macht. Dass dessen filigrane Stahlträger nicht im rechten Winkel, sondern schräg zur darunterliegenden Dachkonstruktion verlaufen, ist für Behnisch fast schon eine Selbstverständlichkeit. So entsteht eine sehr helle und heitere Atmosphäre, zu der zusätzlich einige durchaus ironisch gemeinte Spielereien beitragen, etwa die viel diskutierte Vogelnesttreppe im Präsidialbereich, bei der unterschiedlich große Hölzer in alle Richtungen auseinanderbersten. Damit ist Günter Behnischs Bonner Bundestagsgebäude weltweit als nationales Parlamentsgebäude bis heute einzigartig. Bis zum Umzug der Abgeordneten nach Berlin sind ihm allerdings nur sieben Jahre vergönnt, seither wird es als Kongresszentrum genutzt. Die Volksvertretung hat sich in der neuen Hauptstadt mit dem ehemaligen Reichstag ein Zuhause gesucht, das mit seiner steinernen Monumentalität und strengen Symmetrie all das verkörpert, was dem politisch motivierten Architekten Behnisch zutiefst zuwider war.

It was to be a symbol for democracy and a figurehead for the Federal Republic of Germany, being lightweight, transparent, and bathed in light. However, when the new plenary hall of the Bundestag in Bonn was finally inaugurated in October 1992 after 20 years of planning and construction, following numerous ups and downs and continuously changing client specifications, it already was to be only a temporary assembly hall. The Iron Curtain had fallen faster than expected, and already in October 1990, the reunification of the two German states was finalised. The formerly divided city of Berlin was again designated to become the capital of Germany.

Behnisch und Partner had won the competition for the new parliament building already in 1973. Günter Behnisch, a thoroughly political architect whose projects also always reflected his social outlook, was made for it like no other. For him, the project first and foremost was not about the completed building, but rather about the "situation to be created". Behnisch is suspicious of any kind of authority, he wanted to create spaces where human beings could develop freely, he despised monumentality and stony weightiness. Instead, his aesthetics of freedom were characterised by buildings that appeared light, as well as by transparency, and the occasional deliberate optical irritation. With the buildings for the 1972 Olympic Games in Munich, he and his team, in collaboration with Frei Otto and Günther Grzimek, had truly created a once-in-a-century masterpiece of architecture, and given the young Federal Republic a new face as an open and liberal nation.

In the new plenary area of the Bundestag too, lightness and light, as well as transparency, play an important role. In spite of all the safety regulations, the architects doubly succeeded in realising a transparent parliament in an exemplary manner, by creating a building that is, at least visually, open to all citizens while simultaneously opening it up towards the landscape by the River Rhine in a unique way. Behnisch wanted to encourage political culture also with his spatial concept. He designed the new assembly hall as a circular form to facilitate open discourse on an equal basis. Reminiscent of an amphitheatre, his building is the first parliament in the world which is reached not by climbing up a flight of steps but by walking down. The hall is covered by a large and sophisticated glass roof, which lets in sufficient natural light while also making the external lighting and weather conditions perceivable. For Behnisch, it seemed almost obvious that the delicate steel beams would not run orthogonally to the underlying roof structure but rather slightly obliquely to it, resulting in a very bright and cheerful atmosphere, complemented by a few playful gimmicks, which are, by all means, meant in an ironic manner, such as the much-discussed, so-called "bird's nest staircase" in the presidential area, where differently sized wooden rods split asunder in all directions.

With its transparency, abundant daylight, and relaxed atmosphere, Günter Behnisch's Bundestag building in Bonn remains unique as a national parliament on a global scale and up to the present day. Until the move of the parliamentarians to Berlin, the building was, however, only used for seven years in its original role, and has since been employed as a convention centre. In the new capital city, the parliament moved into its new home in the former Reichstag, whose stony monumentality and strict symmetry embodies all that the politically motivated architect Behnisch so profoundly disliked.

Die in Schichten aufgelöste Stahl-/Glasfassade und die Vogelnesttreppe zeigen ähnliche Strukturen. / The layered steel/glass facade and the bird's nest stairs show similar structures.

21
22

Waterloo International Terminal in London

Waterloo International Terminal in London

Nicholas Grimshaw and Partners, London

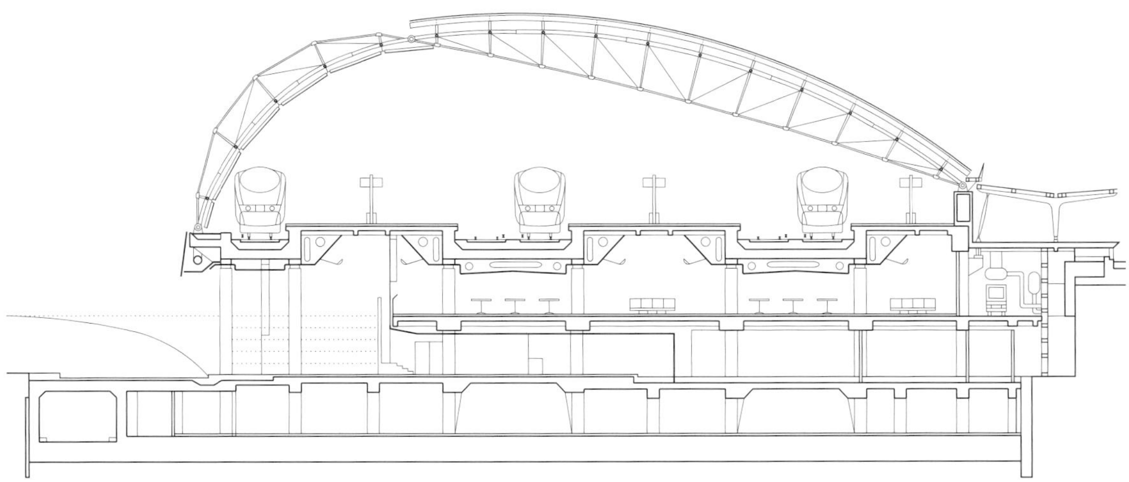

Es ist einer der spektakulären Höhepunkte der Hightech-Ära und markiert gleichzeitig auch ihren Endpunkt: Nicholas Grimshaws großartiges Waterloo Terminal auf Londons Southbank, errichtet als markante Endstation der 1993 eröffneten Kanaltunnellinie. Erstmals ist Großbritannien über den Eurostar auf dem Landweg mit dem Kontinent verbunden, ein neues Bahnzeitalter bricht an. Dieses will Grimshaw mit einem zukunftsträchtigen Wahrzeichen symbolisieren, gleichzeitig knüpft er mit seinem gekrümmten Glasdach und der sichtbaren Konstruktion an die Tradition der großen englischen Bahnhofshallen des 19. Jahrhunderts an. Allen voran aber zeigt der Bau, wie es die Architekten sowie der nicht weniger schöpferische Tragwerksingenieur Anthony Hunt verstehen, die schwierigen örtlichen Begebenheiten für ihre Inszenierung zu nutzen. Denn das Gebäude bezieht seine Raffinesse ganz entscheidend aus der gekrümmten, schlangenartigen Form sowie dem asymmetrischen Querschnitt des Dachs. Beide ergeben sich aus der extrem beengten Grundstückssituation am Rande der bestehenden Station. Um auch für das nördlichste der fünf Gleise genügend Durchfahrtshöhe zu schaffen, lassen die Planer das Dach hier steiler ansteigen und legen die Tragkonstruktion nach außen, während sie im flacheren Bereich, über ein Gelenk verbunden, innen liegt. Die daraus resultierende ungleichmäßige Form der Dreigelenkbögen, die über die Bauwerkslänge betrachtet auch im Querschnitt variieren, verleiht dem Tragwerk maßgeblich seine spannungsvolle Kraft. Alle Details der äußerst filigranen Stahlkonstruktion, die mit einem kräftig blauen Anstrich hervorgehoben wird, sind hier in technischer ebenso wie in ästhetischer Hinsicht bis aufs Letzte ausgetüftelt. Gleiches gilt für die flexibel gelagerte Verglasung, die trotz der gebogenen unregelmäßigen Form mit einer einzigen Scheibengröße auskommt.

So folgt Nicholas Grimshaws gesamte Dramaturgie hier noch sichtlich den Prinzipien der Hightecharchitektur – zur gleichen Zeit, als Norman Foster beim beinahe parallel entstehenden, strahlend weißen Flughafen in Stansted bereits beginnt, sich unverkennbar davon zu lösen. Doch so eindrucksvoll die Halle unter dem doppelt gekrümmten Glasdach auch ist: Schon zur Zeit ihrer Eröffnung ist es selbst den Bahnreisenden kaum vergönnt, den Raum auf sich wirken zu lassen, denn ein längerer Aufenthalt darin war nicht erlaubt. Wer beim Verlassen des Zugs den direkten Weg zum Ausgang auch nur um wenige Schritte verließ, wurde umgehend vom anwesenden Sicherheitspersonal in zwar freundlichem, aber gleichermaßen entschiedenem Ton dorthin komplementiert. Die Angst vor Terroranschlägen war in Großbritannien damals schon groß. Ohnehin aber wird man Grimshaw und seinem Team nicht gerecht, würde man den Bahnhof nur auf sein Dach reduzieren.

Auch der überwiegend unterirdisch angeordnete Rest kann sich sehen lassen. Londons Waterloo Terminal ist ein eindrucksvolles Beispiel für einen vollkommen durchgestylten Bau, bei dem gewissermaßen aus einem Guss und im Sinne eines Gesamtkunstwerks beinahe alles aus einer Hand entworfen ist: Von den Ticketschaltern bis hin zu den Wartebereichen oder den futuristisch anmutenden Kabinen der Passkontrolle.

It's one of the spectacular highlights of the high-tech era and simultaneously also marks its termination: Nicholas Grimshaw's fabulous Waterloo Terminal in London's Southbank, the architecturally striking terminus of the channel tunnel link which opened in 1993. For the first time, Great Britain is connected to the continent overland by the Eurostar, commencing a new era for the railways, which Grimshaw wanted to symbolise with a seminal landmark, while simultaneously referring to the tradition of the grand English station concourses of the 19th century by means of his curved glass roof and visible structural elements. Above all, however, the building demonstrates how the architects and the equally creative structural engineer Anthony Hunt succeeded in utilising the difficult local conditions for their architectural orchestration: The building's sophistication most decisively derives from the curved serpentine form as well as the asymmetrical cross section of the roof. Both are the result of the extremely cramped plot situation at the edge of the existing station. In order to maintain sufficient clearance height, also for the northernmost of the five tracks, the planners had the roof rise more steeply here, with the load-bearing structure on the outside, while it lies on the inside in the flatter area, being connected by a joint. The resulting irregular shape of the three-hinged arches, which also vary in cross section over the length of the building, decisively gives the supporting structure its suspenseful power. All the details of the highly delicate steel structure, highlighted by its intense blue coat of paint, were technically and aesthetically worked out down to the last element. The same applies to the flexibly mounted glazing, which, despite its curved irregular shape, only requires a single pane size.

As such, Nicholas Grimshaw's entire dramaturgy here still visibly followed the principles of high-tech architecture at a period when Norman Foster – in the almost concurrently ongoing project for the gleaming white Stansted Airport – unmistakeably began to free himself from it. As impressive as the hall below the doubly curved glass roof is, already at the time of its opening even train passengers hardly had the opportunity to take in the space, already at the time of its opening, since lingering on in the terminal was not permitted; whosoever strayed even a few paces from the way to the exit on alighting from a train was promptly directed to it in a friendly yet firm manner by the present security staff. There was a widespread fear of terror attacks in Great Britain already then. In any case, one would not do justice to Grimshaw and his team if one were to reduce the station exclusively to its roof since the rest of the building too, located largely underground, is equally impressive. London's Waterloo Terminal is a formidable example for a stylish building through and through, in which almost everything has been designed at a single source, matching the overall design in the spirit of a Gesamtkunstwerk: from the ticket counters to the waiting areas, or the futuristic passport control cabins.

The international railway terminal has been organised like an airport, one reason being that Great Britain is not a member of the Schengen area, requiring passport controls in addition to the anyway heightened security checks. Another reason is the Eurostar line's claim to compete with air travel. As in an airport, individual areas such as train platforms, arrivals, and departures are accommodated separately on different levels. The platforms are located directly underneath the column-free roof, and are accessed from below.

Organisiert war das internationale Bahnhofsterminal wie ein Airport. Das liegt einerseits daran, dass Großbritannien nicht Mitglied des Schengen-Raums ist und deshalb neben den ohnehin erhöhten Sicherheitschecks obendrein Passkontrollen notwendig sind, andererseits sollte auch der Anspruch der Eurostar-Linie unterstrichen werden, dem Flugzeug Konkurrenz zu machen. Wie bei einem Flughafen erfolgt die klare Trennung der einzelnen Bereiche Bahnsteig, Ankunft und Abfahrt auf unterschiedlichen Geschossen. Direkt unter dem stützenfrei gespannten Dach befinden sich die Plattformen, die von unten her erschlossen sind.

Trotz seiner Qualitäten war dem Waterloo Terminal kein gutes Schicksal vergönnt. Zunächst steht es, obwohl selbst pünktlich fertiggestellt, zwei Jahre leer, bis der Bahnbetrieb wegen Verzögerungen beim Tunnelbau endlich aufgenommen werden kann. Weit schlimmer aber ist das bald danach einsetzende bauliche Fiasko. Wegen des damals noch kaum bekannten Problems von Nickelsulfideinschlüssen platzen einige der Scheiben im Dach und stürzen zu Boden. Jahrelang ist daraufhin die Konstruktion mit hässlichen Sicherheitsnetzen verhängt. Und zu allem Überfluss entschließt sich die Eurostar Group dazu, ab November 2007 ihr Terminal für die Kanaltunnelstrecke wegen der besseren Anbindungsoptionen an das Hochgeschwindigkeitsnetz nach London St Pancras zu verlegen. Das Hightechwunder von Waterloo wird auf einmal nicht mehr gebraucht. Zehn Jahre lang denken die Verantwortlichen über eine neue Nutzung nach. Während großer Abschnitte dieser Zeit liegt der Bahnhof brach, teilweise wird sogar Theater darin gespielt. Im Herbst 2016 fällt schließlich der Entschluss, das Terminal als Teilbahnhof für Pendlerzüge in die angrenzende Waterloo Station zu integrieren. Bereits im Sommer 2017 beginnen die Umbauarbeiten. Doch für diese neue Nutzung wird der größte Teil des Bahnhofs, sein unterirdischer Bereich, dann nicht mehr benötigt. Auch wenn das großartige Dach weitgehend von Veränderungen verschont bleiben soll, wird Nicholas Grimshaws Gesamtkunstwerk dabei auf jeden Fall unwiederbringlich zerstört.

Und wie erging es dem Architekten selbst, den die Fachwelt zu Beginn der 1990er-Jahre bereits als den kommenden Superstar sah? Um Nicholas Grimshaw ist es ruhig geworden, weitere derartige Impulse für die internationale Architektur blieben aus. Zwar führt er heute ein erfolgreiches Büro mit Dependancen auf drei Kontinenten, das Waterloo Terminal jedoch blieb sein wichtigster Bau, sein unbestrittenes Meisterwerk.

In spite of its qualities, the Waterloo Terminal has had a rather uncertain operational life: Though completed on time, it initially remained empty for two years until railway operation could finally be started, due to delays in tunnel construction. Far worse, however, was the structural fiasco which set in soon after. Due to the then hardly known problem of nickel sulphide inclusions, some glass panes in the roof cracked and fell to the ground. For years, the structure found itself draped in rather unsightly safety nets. To make matters worse, the Eurostar Group decided to relocate its terminal for the channel tunnel route to London St Pancras from November 2007 onwards, due to better connectivity options with respect to the high-speed rail network. Suddenly, the high-tech wonder that is the Waterloo terminal wasn't needed anymore. For ten years, a new use was pondered. For much of this time the station lay idle, and was partly even used for performing theatre. Finally, in the autumn of 2016, the decision was taken to integrate the terminal into the adjacent Waterloo Station as the station wing for commuter trains, with conversion work already commencing in the summer of 2017. However, for its new use, the largest part of the terminal, i.e. its subterranean area, will not be required anymore. Even though the splendid roof is to be largely spared from changes, it seems that Nicholas Grimshaw's Gesamtkunstwerk will irretrievably be destroyed.

And how did the architect himself fare, whom the professional world in the early 1990s already saw as the next superstar? With no further similar impulses for international architecture forthcoming, Nicholas Grimshaw seems to have faded from the limelight; nevertheless, he runs a successful architectural practice with branches on three continents. The Waterloo Terminal remains his most important building and his undisputed masterpiece.

Oben: Isometrie. Unten: Im Inneren war der Bahnhof organisiert wie ein Flughafenterminal. / Above: Isometry. Below: The station's interior was organised like an airport terminal.

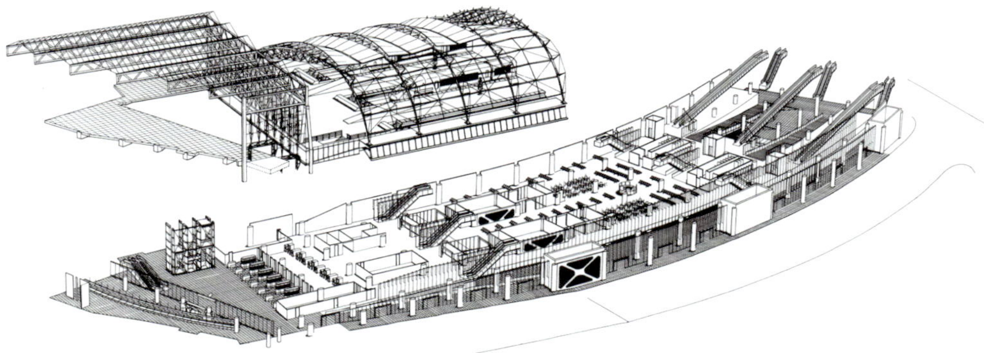

„Der Begriff Hightech fasziniert mich, weil ich schon seit langer Zeit nichts mehr gesehen habe, das auch nur entfernt diese Bezeichnung verdient hätte! Wenn ich ein Beispiel für Hightech finden müsste, würde ich dies wohl in Bernard Rudofskys bemerkenswertem Buch ‚Architektur ohne Architekten' tun.

Gelegentlich taucht der Einwand auf, Solararchitektur falle unter den Begriff High-Technology und ein Hightech-Image bedeute ein großartiges Zurschaustellen von Maschinen, Kanälen und Lüftungsgittern. Das Reichstagsgebäude aber zeigt das Gegenteil: der Raumbedarf für diese Einrichtungen ist gering, man sieht sie nicht, sie haben sich gewissermaßen in Luft aufgelöst."

Aus einem Artikel von Norman Foster für DETAIL 6/1993 – geringfügig verändert

"I am fascinated by the use of 'high tech' because I have not seen anything remotely high-tech for a long time! If I have to find something which is high-tech then it has probably occured in the pages of a remarkable book by Bernard Rudofsky called 'Architecture without Architects'.

At various times there has been the suggestion that solar architecture was a kind of high technology and that high technology conjures images of heroic displays of machinery ducts, chillers and grilles. The Reichstag building however shows the opposite: The amount of space occupied by machinery in this building is absolutely minimal, you cannot see it. I think there is an enjoyable and very positive contradiction here."

From an article by Norman Foster for DETAIL 6/1993 – slightly redacted

Umbau des Reichstagsgebäudes zum Deutschen Bundestag in Berlin

Conversion of the Reichstag in Berlin

Foster + Partners, London

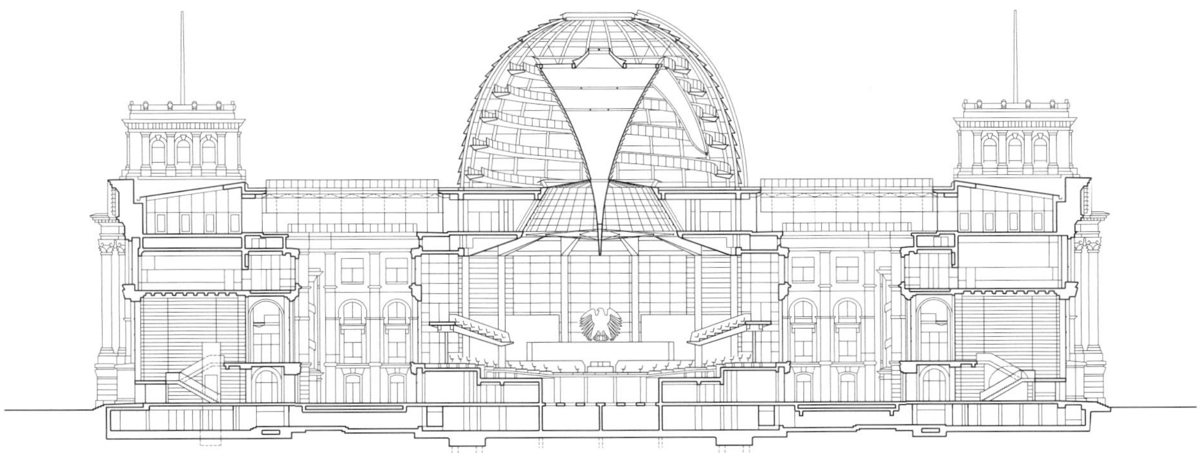

Noch bevor der neue transparente Bundestag in Bonn im Oktober 1992 bezogen ist, beschließt das Parlament, Berlin zur Hauptstadt des wiedervereinten Deutschlands zu machen. Als neuen Sitz wählen die Abgeordneten das von Paul Wallot entworfene ehemalige Reichstagsgebäude aus dem späten 19. Jahrhundert. Der monumentale historistische Bau verkörpert mit seinen Stilelementen aus Renaissance und Barock formal genau das Gegenteil zu Günter Behnischs gläsernem Haus, ist aber zugleich ein geschichtsbeladener Ort, eng verbunden mit der Weimarer Republik und damit der ersten Demokratie auf deutschem Boden. Mit seiner steinernen Schwere soll er ein neues nationales Selbstbewusstsein demonstrieren.

Ein internationaler „Realisierungswettbewerb zum Umbau des Reichstags zum neuen Deutschen Bundestag" wird ausgeschrieben und im Januar 1993 benennt die Jury drei erstplatzierte Preisträger. Darunter befindet sich der Spanier Santiago Calatrava, der die historische, nach dem Krieg zerstörte Glaskuppel ganz in dem für ihn typischen expressionistischen Stil nachempfindet. In der Überarbeitungsphase indes setzt sich Norman Foster mit einem aufsehenerregenden Entwurf durch, der den Bestand auf ein Podest stellt und unter einen gigantischen Baldachin packt. Mit der riesigen, begehbar angedachten und in der Öffentlichkeit bald als Tankstellendach titulierten Überdeckung aus Glas und Stahl will er dem historischen Bau seine Strenge nehmen und ihn gleichzeitig für die Öffentlichkeit erfahrbar machen. In Politik und Bevölkerung jedoch werden bald Stimmen gegen diese Lösung laut, schließlich wird sie mit dem Argument zu hoher Kosten gekippt. Vor allem konservative Parlamentarier fordern zunehmend eine Kuppel, und nach anfänglicher Gegenwehr wird Norman Foster dazu gebracht, eine solche zu realisieren. Nicht nur in Fachkreisen löst diese Entscheidung Befremden aus und bis heute heißt es gelegentlich, Foster hätte Calatrava die Idee mit der Kuppel gestohlen. Tatsächlich aber gelingt es dem britischen Architekten beispielhaft, aus dem aufgezwungenen Konzept eine einzigartige Lösung zu entwickeln. Er verzichtet auf den Tambour der historischen Vorgängerversion und kreiert eine High-Tech-Kuppel, die er jeglichem Monumentalismus und damit der Symbolik von Macht beraubt. Stattdessen öffnet er sein gläsernes Gebilde mit einer spektakulären Besucherrampe in Form einer Doppelhelix mit Aussichtsplattform und Rundumblick auf Berlin für die Bevölkerung. Darüber hinaus ist die Kuppel maßgeblicher Bestandteil und damit Sinnbild für ein zur damaligen Zeit innovatives Energiekonzept. Dieses zeichnet sich neben optimaler Tageslichtnutzung und natürlicher Belüftung durch Bauteilaktivierung und die Verwendung von Erdwärme und Photovoltaik aus. Doch die viel diskutierte Glaskuppel ist nur der sichtbare Teil eines tiefgreifenden Umbaus. Foster versteht es, dem Denkmal gerecht zu werden und trotzdem ein modernes Parlamentsgebäude mit funktionalen Räumen zu schaffen. Er organisiert den alten Reichstag komplett neu, legt Spuren aus der Vergangenheit frei, bildet Blickachsen und bringt viel Licht in das ehemals düstere Haus.

Heute ist die Kuppel über dem Reichstag längst zum Symbol für die parlamentarische Demokratie in Deutschland geworden und taucht täglich in allen Nachrichtensendungen auf. Und nicht zuletzt ist sie eine der beliebtesten Touristenattraktionen von Berlin.

Even before the German Bundestag moved into its new building in Bonn in October 1992, the parliament had decided to make Berlin the capital of a reunited Germany. The parliamentarians elected the former Reichstag building from the late 19th century, designed by Paul Wallot, as their new seat. The monumental historicist edifice, with its stylistic elements from the Renaissance and baroque period, formally embodies the exact opposite to Günter Behnisch's glazed building in Bonn. It is, however, also a place charged with history, closely linked to the Weimar Republic, and hence to the first democracy on German soil. With its stone-based weightiness, it demonstrates a new national self-awareness.

An international architecture competition for the conversion of the Reichstag into the new German Bundestag was advertised, and in January 1993, the jury initially named three first-prize winners, including Santiago Calatrava from Spain, who adapted the historical glass dome, demolished after the war, in his characteristic expressionist style. Following a revision phase, Norman Foster in the meanwhile prevailed with a spectacular design that placed the bulky building on a pedestal and underneath a gigantic canopy. With the huge, walkable cover of glass and steel which the general public soon dubbed the "filling station roof", he wanted to take away the severity of the historical building, and at the same time make it experienceable for the general public. However, in the political arena and among the population, voices against this architectural solution quickly became loud, and it was finally dropped as it was deemed too expensive. Moreover, conservative parliamentarians in particular increasingly demanded a dome, and finally, Norman Foster who initially vehemently opposed this, was commissioned to implement it. Not only professional circles seemed alienated by this decision, and till today there is the rumour that Foster allegedly snitched the idea of the dome from Calatrava. In fact, however, the British architect exemplarily succeeded in transforming the appointed concept into the development of a truly unique architectural solution. Dispensing with the tambour of the preceding historical dome, he created a high-tech version of a dome, stripped of every hint of monumentality and hence of the symbolism of power, opening the glazed structure to the general public with a spectacular visitors' ramp in the shape of a double helix and a public viewing platform offering an all-round view of Berlin. Moreover, he made the dome the definitive element and hence the symbol of his energy concept for the building, which was innovative for the time, and path-breaking for a parliament building on a worldwide scale, standing out for its optimal use of daylight, natural ventilation, component activation, as well as the use of geothermal energy and photovoltaics.

The much-discussed glass dome is only the highly visible part of a far-reaching conversion. Foster knew how to do justice to the architectural landmark and still create a modern parliament building with functional spaces. He completely reorganised the old Reichstag building, laying bare traces from the past, including scars from the war, as well as forming lines of sight, and bringing plenty of light into the formerly dingy building.

Today, the dome on the Reichstag has long since become the symbol for parliamentary democracy in Germany, making daily appearances in all news programmes. Not least, however, it is one of the most popular tourist attractions in Berlin, which far over a million people climb up every year.

045 Foster + Partners, London

Detailschnitt Kuppel, Maßstab 1:20 / Dome, detailed section, scale 1:20

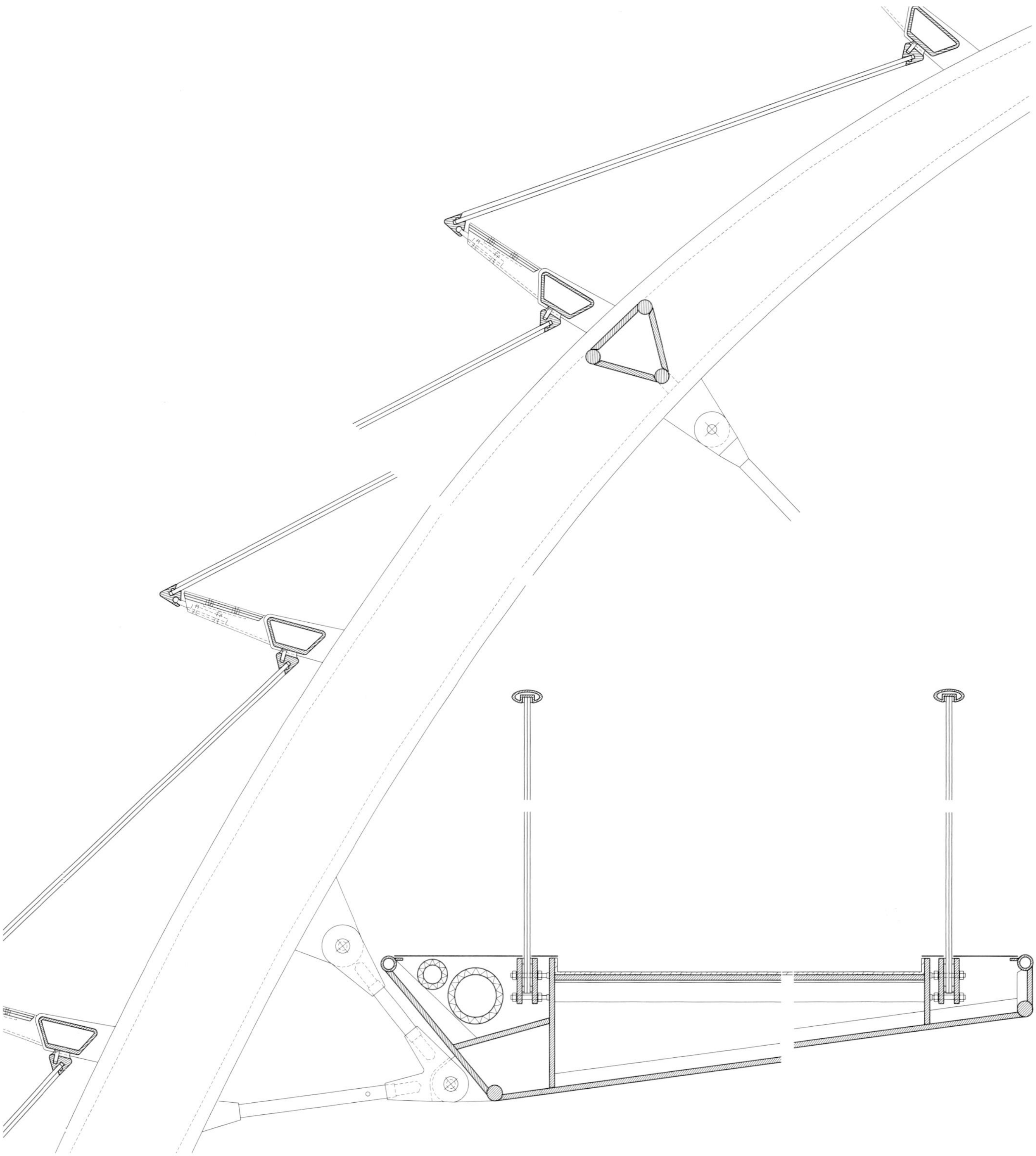

Die Kuppel dient der natürlichen Belichtung und Belüftung des Plenarsaals. / The dome provides natural lighting and ventilation for the plenary hall.

Von den öffentlich zugänglichen Besucherrampen in der Glaskuppel… / The publicly accessible visitor ramps in the glass dome…

… bieten sich hervorragende Ausblicke über die Stadt. / … offer superb views across the city.

 Japanischer Pavillon, Expo 2000 in Hannover / Japanese Pavilion, Expo 2000 in Hanover

Japanischer Pavillon, Expo 2000 in Hannover

Japanese Pavilion, Expo 2000 in Hanover

Shigeru Ban, Tokio / Tokyo

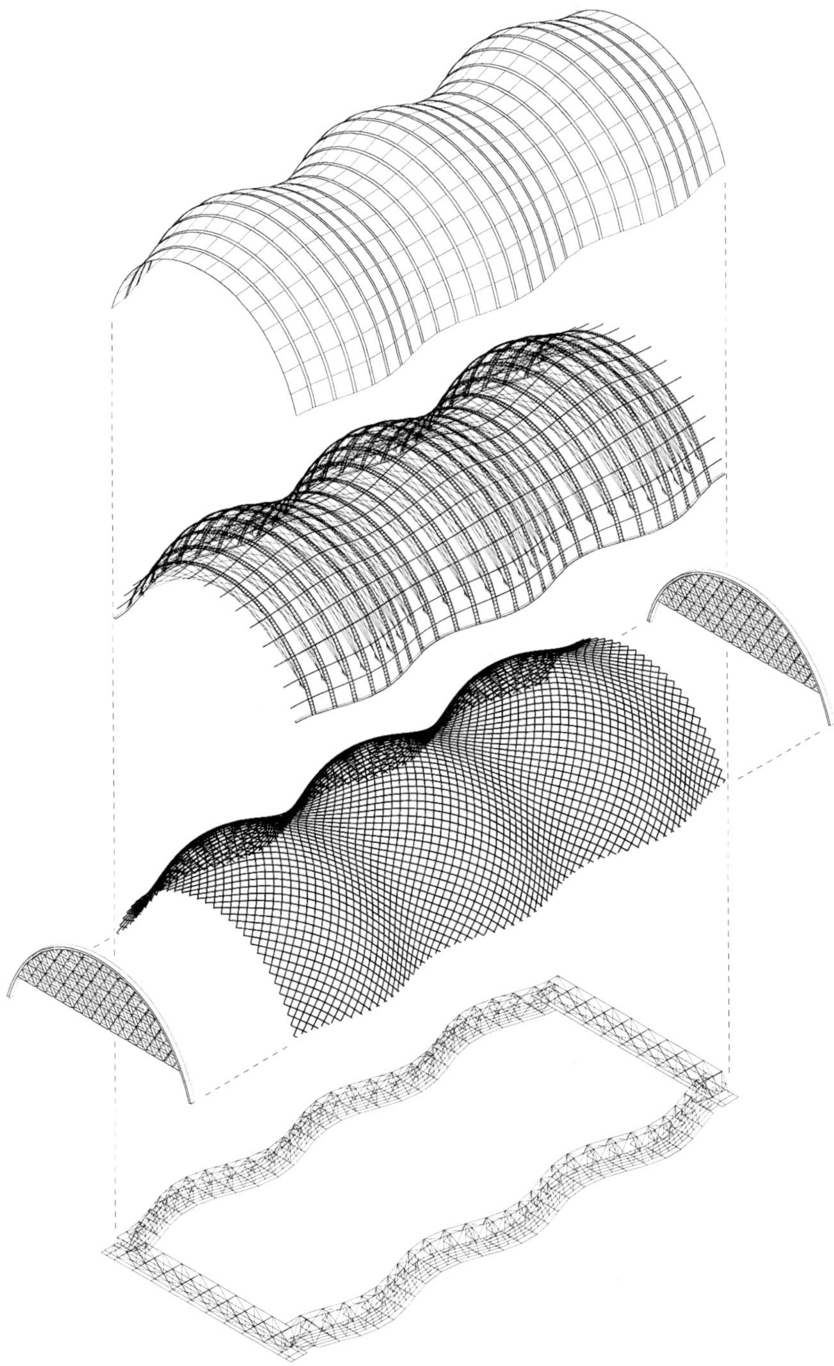

Schon im Vorfeld der Expo 2000 in Hannover bekam er die meiste Aufmerksamkeit aller Länderpavillons: Der japanische Beitrag von Shigeru Ban, denn der experimentierfreudige Architekt aus Tokio wollte dafür erstmals ein größeres Gebäude komplett aus Papier realisieren.

Große Weltausstellungen mit ihren meist temporären Prestigebauten bieten Architekten und Ingenieuren seit jeher die Gelegenheit, neue und ungewöhnliche formale wie konstruktive Ideen auszuprobieren. Seit der ersten Schau im Londoner Hydepark im Jahr 1851 sind diese internationalen Ausstellungen immer auch Veranstaltungen, auf denen sich die einzelnen Nationen nicht nur mit ihren Erfindungen und Erzeugnissen der Weltöffentlichkeit präsentieren, sondern ganz besonders mit ihren Gebäuden. So verdankt die Architekturgeschichte den Weltausstellungen zahlreiche wegweisende Bauwerke. Joseph Paxtons sagenhafter Kristallpalast (1851) gehört ebenso dazu wie der Eiffelturm in Paris (1889), der Barcelona Pavillon (1929) von Ludwig Mies van der Rohe oder Frei Ottos deutscher Beitrag 1968 für Montreal, der später zum Vorbild der Münchner Olympiadächer wird.

Auch für die Expo 2000 in Hannover entstehen noch andere besondere Bauten, zu deren besten neben dem niederländischen Pavillon von MVRDV nicht zuletzt der Beitrag Japans zählt. „Mensch, Natur und Technik" lautet das übergeordnete Thema der Ausstellung und der Aspekt Nachhaltigkeit soll dabei besondere Bedeutung erhalten. Entsprechend plant Shigeru Ban, der bis dahin schon bei verschiedenen kleineren Bauten tragende Papprollen eingesetzt hat, erstmals einen größeren Pavillon komplett aus Papier zu errichten – ein Bauwerk also, das ausschließlich aus wiederverwertetem Material besteht und das sich im Anschluss vollständig recyceln lässt. Dass er sein ambitioniertes Ziel schließlich wegen der Sturheit und der Brandschutzauflagen der deutschen Behörden nicht zu hundert Prozent umsetzen kann, nimmt dem zusammen mit Frei Otto entwickelten Vorhaben indes nichts von seiner visionärer Kraft.

So müssen die Planer die mächtige Gitterschale der Haupthalle aus verschnürten und aus Altpapier hergestellten Pappröhren durch gebogene Holzleitern verstärken sowie die Dachhaut aus einer speziell für dieses Projekt entwickelten fünfschichtigen feuer- und wasserfesten Papiermembran mit einem zusätzlichen PVC-Gewebe überziehen.

Trotz dieser Veränderungen bleibt Shigeru Bans japanischer Pavillon technisch wegweisend und wird darüber hinaus zu einem der schönsten und eindrucksvollsten Ausstellungsbauten der Expo 2000. Denn er offenbart einen imposanten Raum von ungemeiner Leichtigkeit, der gleichzeitig eine enorme meditative Atmosphäre ausstrahlt. Dem Architekten gelingt es damit beispielhaft, mit seiner innovativen Konstruktion auch traditionelle japanische Werte zu transportieren.

Dabei ist Shigeru Ban alles andere als ein typisch japanischer Architekt und bleibt in der Szene seines Heimatlands eher ein Außenseiter. Als echter Einzelgänger ist der Querdenker, der sein Studium in den USA absolvierte, in keine der in Japan üblichen Schulen einzuordnen. Auch wenn Shigeru Bans Arbeiten oftmals von einem traditionell

Already in the run-up to the Expo 2000 in Hanover, it was the Japanese contribution by Shigeru Ban that received the most attention of all national pavilions. For this occasion, the adventurous architect from Tokyo constructed the first large-scale building made entirely out of paper.

Major world expositions, with their usually temporary prestige buildings, have always offered architects and engineers the opportunity to experiment, and for trying out new and unusual formal as well as constructional ideas. Ever since the first exposition at Hyde Park in London in 1851, these international exhibitions have also always been events where individual nations not only showcased their inventions and products to the world public but also their buildings in particular. As such, architectural history owes many pioneering buildings to the world expositions, including Joseph Paxton's legendary Crystal Palace (1851), the Eiffel Tower (1889), the Barcelona Pavilion (1929) by Ludwig Mies van der Rohe, or Frei Otto's 1967 German contribution in Montreal which later became the model for the Olympic Games buildings in Munich.

For the Expo 2000 in Hanover too, several special buildings were constructed, with the best ones including the Dutch pavilion by MVRDV, and the Japanese contribution. The overriding theme of the exhibition was "Man, Nature, Technology", with the issue of sustainability assuming special importance. As such, Shigeru Ban who had previously already used load-bearing cardboard rolls in various smaller buildings, now for the first time planned to construct a larger pavilion entirely out of paper, consisting exclusively of recycled material, and which can, in turn, subsequently be fully recycled. Though the stubbornness and fire prevention regulations of the German authorities meant that Ban was unable to implement his ambitious goal to the fullest extent, it didn't diminish the visionary power of the project, which was jointly developed with Frei Otto.

Nevertheless, the planners were obligated to reinforce the mighty gridshell of the main hall – consisting of tied-up cardboard rolls made of scrap paper – with bent wooden, ladder-like members, and apply an additional PVC fabric on the roof skin comprising a five-layer, fire- and water-resistant paper membrane, which had specially been developed for this project.

In spite of these changes, Shigeru Ban's Japanese pavilion remains technologically path-breaking, and moreover became one of the most beautiful and impressive exhibition buildings of the Expo 2000, for it revealed an imposing space of immense lightness, exuding a tremendous meditative atmosphere. In doing so, the architect also paradigmatically succeeded in conveying traditional Japanese values with his innovative structure.

At the same time, Shigeru Ban is anything but a typical Japanese architect, remaining something of an outsider within the professional scene of his home country. As a true individualist and lateral thinker, and having graduated in the USA, he cannot be categorised into any of the common schools in Japan. Even though Shigeru Ban's works are often characterised by a traditional Japanese understanding of space, or the thematisation of a fluid transition between inside and outside, he is especially distinguished by his unfailing interest in new materials and structures. As such, in his own words, he is influenced more by Frei Otto and Mies van der Rohe than by the culture of his country. While many other Japanese architects of his generation see

Der Ausstellungsbereich im Pavillon / The exhibition area in the pavilion

japanischen Raumverständnis oder der Thematisierung des fließenden Übergangs von innen nach außen geprägt sind, zeichnet er sich doch vor allem durch sein uneingeschränktes Interesse an neuen Materialien und Konstruktionen aus. So ist Ban nach eigener Aussage auch viel mehr von Frei Otto und Mies van der Rohe beeinflusst als von der Kultur seines Lands. Während viele andere japanische Architekten seiner Generation die Lösung technischer Probleme eher als Mittel zum Zweck sehen, zeigt er eine ausgesprochene Freude am konstruktiven Experiment. Auf die für ihn später so typischen Papprollen kommt er dabei mehr oder weniger durch Zufall. Als sich Shigeru Ban zu Beginn seiner Karriere mit der Gestaltung von Ausstellungen über Wasser halten muss, sucht er nach einem geeigneten Material, das – noch rein zu Dekorationszwecken – zu einer Schau über Alvar Aalto passt. In diesem Zusammenhang stößt er auf Kartonröhren, wie sie üblicherweise zum Aufrollen von Stoffbahnen verwendet werden. Doch schnell erkennt Ban die konstruktiven Vorzüge des Materials und macht sich daran, dieses auch tragend einzusetzen. So verwendet er derartige Rollen beim Entwurf des noblen Issey Miyake Stores in Tokio ebenso wie für humanitäre Bauten.

Bereits 1995 stellt Ban das „Voluntary Architects Network" (VAN) auf die Beine, eine Nichtregierungsorganisation zur Unterstützung von Katastrophenopfern weltweit. Schon davor hatte er provisorische Unterkünfte aus Papprollen für Flüchtlinge in Ruanda entworfen – zahlreiche Hilfsprojekte folgten seitdem. Neben Notunterkünften aus Papp- bzw. Papierrollen und anderen Materialien verwirklicht er später auch einige große temporäre Kulturbauten, wobei ihm seine vor Jahren mit dem Japanischen Pavillon gewonnenen Erfahrungen zugutekommen. So entwirft und baut Shigeru Ban nach verheerenden Erdbebenkatastrophen eine temporäre „Transitional Cathedral" neben der zerstörten Kathedrale im neuseeländischen Christchurch für 700 Besucher (2012) ebenso wie die Paper Concert Hall (2011) für 230 Konzertgäste im italienischen L'Aquila.

2014 schließlich erhält Shigeru Ban für seinen unermüdlichen Einsatz bei der Planung von Notunterkünften in den Krisengebieten der Welt, aber auch für seinen bewussten Umgang mit den Ressourcen den hoch dotierten Pritzker-Preis. Der Japanische Pavillon für Hannover bleibt neben der Dependance des Centre Pompidou in Metz bis heute sein Meisterwerk.

solutions to technical problems more as a means to an end, Shigeru Ban displays great delight in constructional experimentation. The cardboard rolls, which would later become so typical for him, he discovered more or less by chance. At the outset of Shigeru Ban's career, when he had been compelled to make ends meet by designing exhibitions, he was looking for a material – initially for decorative purposes only – which would be suitable for a show on Alvar Aalto. In this context, he came across cardboard tubes, commonly used for rolling up fabric panels. Ban quickly recognised their structural properties, and endeavoured to use them for load-bearing functions, employing them, for example, in the design of the upscale Issey Miyake Store in Tokyo as well as for humanitarian buildings.

Already in 1995, Ban established the Voluntary Architects Network (VAN), a non-governmental organisation supporting disaster victims around the world. Prior to this, he had already been designing provisional accommodations made of cardboard tubes for refugees in Rwanda; several aid projects followed. Apart from emergency accommodations made of paper rolls and other materials, he later also constructed several large temporary cultural buildings, benefitting from the experiences gained years ago from the Japanese pavilion at the Expo 2000. As such, following devastating earthquake disasters, Shigeru Ban designed and built the temporary Transitional Cathedral adjacent to the destroyed cathedral in Christchurch, New Zealand, for 700 visitors (2012), as well as the Paper Concert Hall (2011) for 230 concert guests in L'Aquila, Italy.

For his tireless commitment to planning emergency shelters in crisis areas of the world, and his prudent use of resources, Shigeru Ban was finally awarded the prestigious Pritzker Prize in 2014. The Japanese pavilion for Hanover, and the branch of the Centre Pompidou in Metz remain his masterpieces to this day.

Oben: Transitional Cathedral in Christchurch, Neuseeland 2012 / Above: Transitional Cathedral in Christchurch, New Zealand 2012
Mitte: Notunterkünfte für Erdbebenopfer in Kobe, Japan 1995 / Middle: Shelters for earthquake victims in Kobe, Japan 1995
Unten: Eigenes temporäres Büro auf dem Centre Pompidou in Paris, Frankreich / Below: Ban's own temporary office on top of the Centre Pompidou in Paris, France

„Ein Gebäude ist entweder besser oder weniger gut, richtig oder weniger richtig, angemessen oder weniger angemessen – das sind unsere Kriterien. Ob die Formensprache minimal oder maximal ist, manieriert oder weniger manieriert, ist uns weniger wichtig. Da haben wir keine Vorliebe, das hängt von der jeweiligen Bauaufgabe ab.

Pierre und ich haben schon als Kinder zusammen gespielt und gemeinsam entworfen. Natürlich macht jeder bei einem Projekt ein bisschen mehr oder weniger als der andere. Wir haben auch sehr unterschiedliche Qualitäten und Talente. Die Besonderheit liegt darin, dass wir gemeinsam das Produkt Herzog & de Meuron bilden."

Jacques Herzog im Interview in DETAIL 9/2005

A building is either well done or less well done, correct or less correct, appropriate or less appropriate – those are our criteria. We couldn't care less if the language of shapes is minimal or maximal, artificial or less artificial. We don't have any predilections there, it depends on the individual building task.

Pierre de Meuron and I played together as children and made joint designs. In each project, of course, one of us does a bit more and one a bit less. We have quite different qualities and talents, and neither of us determines his own projects. The vital thing is that we jointly create the product Herzog & de Meuron."

From an interview with Jacques Herzog in DETAIL 9/2005

Tate Modern in London
Tate Modern in London
Herzog & de Meuron, Basel

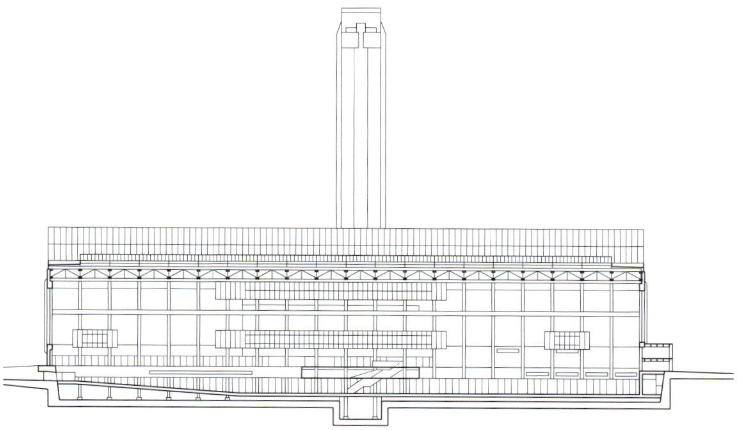

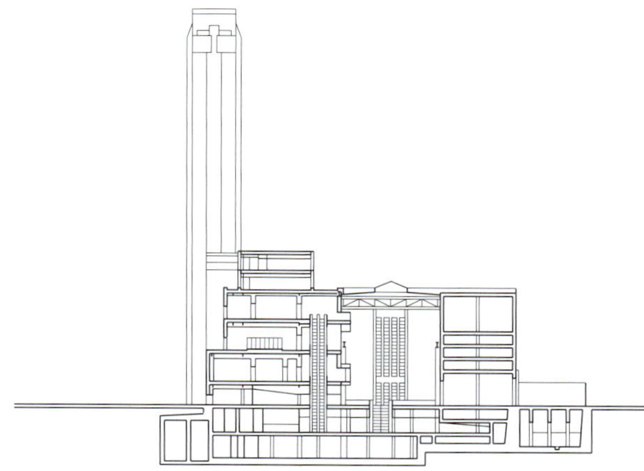

Installation „Marsyas" von Anish Kapoor in der Turbinenhalle im Jahr 2002–03 /
"Marsyas" installation by Anish Kapoor in the Turbine Hall in year 2002–03

Ausstellungsbereich mit Joseph Beuys „The End of the Twentieth Century" /
Exhibition area with "The End of the Twentieth Century" by Joseph Beuys

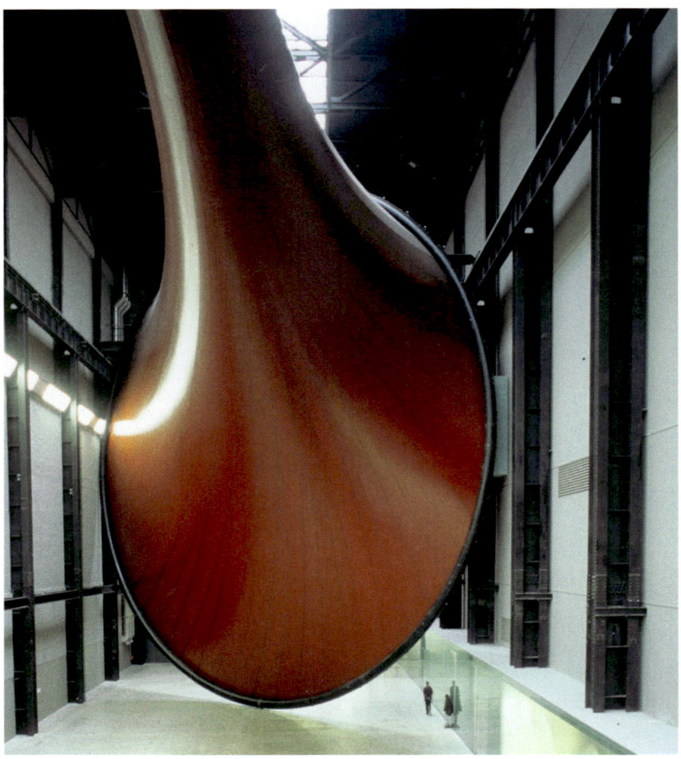

BOILER HOUSE
EXPLORE & DISCOVER

Mit dem Umbau des monumentalen Heizkraftwerks Bankside Power Station am Südufer der Themse in London zur Tate Modern gelingt Herzog & de Meuron zur Jahrtausendwende ein Paukenschlag. Das neue Museum für zeitgenössische Kunst wird umgehend zu einem der führenden Publikumsmagneten in der britischen Hauptstadt, aber auch zu einem Schlüsselbau im Werk der Architekten. Zweifellos trägt das Projekt maßgeblich dazu bei, dass dem Duo aus Basel, das damals noch lange nicht den internationalen Stellenwert hat wie heute, bereits im Jahr nach seiner Fertigstellung der renommierte Pritzker-Preis zugesprochen wird.

Den vorausgegangenen internationalen Wettbewerb mit hochkarätigem Teilnehmerfeld können Herzog & de Meuron seinerzeit für sich entscheiden, weil sie die einzigen sind, die die gigantische ehemalige Turbinenhalle in ihrem kompletten Ausmaß und ihrer Erhabenheit erlebbar machen. Sie schaffen damit nicht nur einen absolut ergreifenden Raum von beeindruckender Monumentalität, sondern gleichermaßen einen öffentlichen Ort, der das Verhältnis von Stadt und Museum neu definiert. Mit ihrer Entwurfshaltung, die eine Grenze zwischen Bestand und Ergänzung an vielen Stellen verschwimmen lässt, interpretieren sie den Altbau auf ihre Weise und entwickeln ihn zusammen mit den Einbauten zu einem neuen Ganzen. Äußerlich lassen Herzog & de Meuron den gigantischen Backsteinbau weitgehend unverändert. Neben den Besuchermassen, die täglich über Norman Fosters Millenium Bridge zu dem imposanten Gebäude strömen, verweist nur ein aufgesetztes zweigeschossiges und über die gesamte Länge durchlaufendes Glasband auf die geänderte Nutzung. Dieses grünlich schimmernde und „Light Beam“ genannte Element auf dem Dach steht in klarem Kontrast zum Bestand: bei Dunkelheit strahlt es in den Londoner Nachthimmel, tagsüber bringt es Licht in die darunterliegenden Galerieräume. Darüber hinaus informiert es mit riesiger Aufschrift die Besucher schon von weitem über die aktuellen Ausstellungen des Museums.

Das ehemalige Kraftwerk wurde zwischen 1947 und 1963 nach Planungen von Giles Gilbert Scott, unter anderem berühmt für das Design von Londons roten Telefonhäuschen, errichtet. Mit seinem beinahe hundert Meter hohen Schornstein steht der klar strukturierte Ziegelkoloss im Dialog mit der St Paul's Cathedral auf der gegenüberliegenden Flussseite. Obwohl Herzog & de Meuron das Innere fast vollständig entkernen, erhalten sie Charakter und Eigenart des mächtigen Bauwerks sowie seine parallele Dreiteilung. Eine breite Rampe führt von der Westseite hinunter in die gigantische Eingangshalle, auch heute noch „Turbine Hall“ genannt, obwohl außer einer alten Kranbahn nichts mehr an die frühere Nutzung erinnert. Wie eine Straße durchläuft diese das Gebäude in seiner gesamten Länge und Höhe. Die mächtige Turbinenhalle zieht bereits in leerem Zustand, allein wegen ihrer enormen Größe, die Besucher in den Bann; mehr aber noch als Raum für außergewöhnliche temporäre Kunstwerke wie etwa 2002/03 mit Anish Kapoors raumgreifender skulpturalen Installation „Marsyas“ oder 2010/11 mit Ai Weiweis „Sunflower Seeds“, einem Meer aus Millionen kleiner, einzeln aus Porzellan handgemachter Sonnenblumenkerne. Da das auf der Südseite angrenzende Trafogebäude „Switch House“

With the conversion of the monumental Bankside Power Station, a thermal power plant, on the southern bank of the River Thames in London into the Tate Modern, Herzog & de Meuron succeeded in creating a veritable architectural bang at the turn of the millennium. The new museum for contemporary art promptly became one of the leading public attractions in the British capital, but also a key building in the oeuvre of the architects. Undoubtedly, the project made a major contribution to the Basel-based architects being awarded the prestigious Pritzker Prize already in 2001, i.e. in the year following the project's completion, at a time when they didn't have the international standing they have today.

Herzog & de Meuron were able to win the preceding international competition which included a top-level field of participants since they were the only ones who didn't propose filling up the gigantic former turbine hall, but rather making it perceivable in its monumentality and grandeur. In doing so, they not only created an absolutely thrilling space of impressive proportions, but also a public place, redefining the relationship between the city and the museum. With their design attitude that blurs the boundary between the building stock and the new additions at many points, they interpreted the old building in their own unique way, developing it further in combination with newly installed parts, forming a new whole. On the outside, Herzog & de Meuron largely left the gigantic brick building unchanged. Apart from the daily masses of visitors who flock to the imposing building by walking across Norman Foster's Millennium Bridge over the Thames, only a superimposed two-storey glass ribbon that runs the entire length of the building hints at its changed function. This greenish-shimmering new element on the roof, called "Light Beam", stands in clear contrast to the building stock, displaying a coherent architectural approach. After dark, it shines into the London sky, and during daytime brings light into the gallery spaces below, while its huge label, visible from afar, informs visitors about ongoing exhibitions of the museum.

The former power station was built between 1947 and 1963 according to plans by Giles Gilbert Scott, who became famous for designing London's red phone booths, amongst other things. With its almost 100-metre-high chimney, the clearly structured brick colossus stands in dialogue with St Paul's Cathedral on the opposite side of the river. Though Herzog & de Meuron almost completely removed the core of the interior, they preserved the character and distinctiveness of the massive building, as well as its parallel threefold division. A wide ramp leads down from the western side to the gigantic entrance hall, still called Turbine Hall today, even if nothing but an old crane track recalls its former use. The integrated ramp traverses the building over its entire length and height, acting like a street. Thanks to the turbine hall's sheer size, it fascinates visitors even when it is lying empty, but all the more so when it is used as a space for extraordinary temporary artworks, such as Anish Kapoor's equally gigantic, space-filling sculptural installation "Marsyas" in 2002/03, or Ai Weiwei's "Sunflower Seeds" (2010/11), consisting of a sea of millions of small sunflower seeds, each handmade of porcelain.

seinerzeit noch in Betrieb ist, legen die Architekten alle Museumsnutzungen in das nördlich zur Themse orientierte ehemalige Kesselhaus. Über sogenannte Baywindows lassen sie die Ausstellungsebenen hier in das Innere der Halle ragen. Diese verglasten Lichtbänder wirken wie schwebende Leuchtkörper, unterbrechen die aufsteigenden Stahlpfeiler und präsentieren vitrinenartig die Museumsbesucher, die hier während ihres Rundgangs verweilen.

Der Erfolg des neuen Museums im ehemaligen Kraftwerk ist gigantisch. Bereits im ersten Jahr nach der Eröffnung zieht es mehr als fünf Millionen Menschen an und wird damit weltweit das mit Abstand meist besuchte Museum für zeitgenössische Kunst. Die Erwartungen der Betreiber werden damit um beinahe das Dreifache übertroffen. Und die Leute kommen nicht allein wegen der Kunst, sondern vor allem wegen der Architektur oder ganz einfach wegen der „Location“ dieses neuen öffentlichen Orts: Man trifft sich hier, trinkt einen Kaffee, genießt den fantastischen Blick auf die Themse und macht danach vielleicht noch einen Rundgang durch die Ausstellung. Die Tate Modern in London ist tatsächlich ein Museum des angehenden 21. Jahrhunderts für eine neue, auf die Event-Gesellschaft abgestimmte Kunstrezeption. So erhalten die Architekten bereits 2005 den Auftrag zur Erweiterung ihres eigenen Projekts und damit die Gelegenheit, ihr bereits beim Wettbewerb angedachtes Gesamtkonzept zu vollenden, das die Turbinenhalle ins Zentrum rückt, in der jetzt alle Besucherströme zusammenlaufen. Doch wie sollen sie mit dem nun entstehenden enormen Erfolgsdruck umgehen, wie sich ihrer eigenen Ikone nähern? Herzog & de Meuron ergänzen ihr Werk mit einem im Sommer 2016 eröffneten Neubau an der Stelle des ehemaligen „Switch House“ in Form einer gekappten, im Grundriss mehrfach geknickten elfgeschossigen Pyramide. Diese umhüllen sie mit einer extravaganten Ziegelfassade als stofflich verbindendes Element zwischen Alt und Neu. Wie bei vielen ihrer Projekte inszenieren sie auch hier das Material und schaffen eine sinnliche Haut, deren Textur und Perforation sich mit dem Licht verändert und je nach Standpunkt und Tageszeit die Wände offen oder geschlossen, lichtdurchlässig oder undurchsichtig erscheinen lässt.

Mit diesem nach oben verdrehtem Gebilde gelingt es den Architekten, städtebaulich eine Landmarke zu generieren, ohne damit den Altbau in den Schatten zu stellen. Gleichzeitig öffnen sie das Museum, das bislang ausschließlich zur Themse orientiert war, zu dem dahinterliegenden Quartier von Southwark und schaffen damit einen neuen öffentlichen Ort. Das Innere aber, das neben 3500 Quadratmetern neuer Ausstellungsbereiche und zahlreichen Räumen für Sonderfunktionen zu fast einem Viertel aus Erschließungsflächen besteht, lässt ergreifende Raumeindrücke ebenso vermissen wie die Ausstrahlung und Kraft des ersten Bauabschnitts.

Und dennoch lohnt sich der Besuch auf jeden Fall, denn eine nach allen vier Seiten ausgerichtete Aussichtsplattform bietet kostenlos und in angenehmer Höhe einen fantastischen Blick über die Stadt und stiehlt damit dem nicht weit davon entfernten Viewpoint auf Renzo Pianos gläsernem Hochhaus „The Shard“ mit seinen überzogenen Preisen eindeutig die Show.

Since the adjacent Switch House on the southern side still was in use at the time of the conversion, the architects accommodated all museum uses in the former boiler house oriented towards the Thames in the north, designing bay windows through which the exhibition levels jut out into the interior of the hall. These glazed bands of light seem like floating luminaries as they interrupt the rising steel pillars and present the museum visitors, who linger here as they take their tour, like in a display case.

The new museum in the former power station is a huge success. Already in the first year after its opening, it attracted over five million people, thus becoming by far the most visited museum for contemporary art in the whole world, exceeding its operators' expectations almost threefold. The visitors don't exclusively come for the art but also for the architecture in particular, and not least simply because of the location which is a new public space. Here, people can meet, drink coffee, enjoy fantastic views of the Thames, perhaps deciding to take a tour of an exhibition. The Tate Modern in London truly is a museum of the budding 21st century, and in tune with the new, event-based reception of art.

As such, already in 2005, the architects were commissioned to extend their own project, and thus given the opportunity to complete their overall concept already envisaged in the competition, which makes the Turbine Hall the centre of focus, and where all visitor flows converge. How were they to handle the tremendous pressure to succeed which now emerged, and approach their own architectural icon?

Herzog & de Meuron complemented their work with a new building, completed in the summer of 2016, that takes the place of the former Switch House and was designed in the form of a clipped pyramid with 11 floors and multiply bent in the floor plan. They covered it with an extravagant brick facade which acts as a material link between the old and the new. As in many of their projects, they orchestrated the material, creating a sensual building skin whose texture and perforation change according to the light, making the walls appear open or closed, permeable to light or opaque.

However, at the points where surfaces composed of relief-like stones converge, the irregular wall edges dramatically make apparent the technical challenge involved. With this upwardly turned structure, the architects succeeded in generating an urban landmark without eclipsing the old building. At the same time, they opened up the museum – hitherto exclusively oriented towards the Thames – to the district of Southwark in the rear, thus providing a new public space. The interior, however, consisting of 3,500 square metres of new exhibition areas, numerous spaces for special functions, and circulation areas taking up almost a quarter of the area, seems to lack thrilling spatial impressions, as well as the vibrancy and power of the first construction phase.

Yet, at any rate, a visit is highly rewarding, with the four-sided viewing platform on the 9th floor providing fantastic, free-of-cost views of the city from a convenient height, and stealing the show from the expensive viewing location in Renzo Piano's nearby glazed high-rise building, The Shard.

Oben: Die Ziegelfassade ist das stofflich verbindende Element zwischen Alt- und Neubau. / Above: The brick facade is the connecting material element between old and new building.
Unten: Aussichtsplattform und Erschließungsbereich der Erweiterung / Below: Viewing platform and circulation area of the extension

„Im Allgemeinen ist die Architektur sehr traditionell und konservativ. Ich will sie ‚updaten', sie den heutigen Lebensformen anpassen. Darüber denke ich im Moment am meisten nach.

Die Computertechnologie und die Vielfalt elektronischer Medien haben unsere Welt, aber auch unsere Wahrnehmung drastisch verändert. Unsere Architektur jedoch bleibt die Gleiche und reagiert kaum auf die neuen Gegebenheiten. Die Menschen gehen heute anders mit den physischen Eigenschaften des Raums um. Wir als Architekten sollten darauf eine Antwort finden.

Das Unterschiedliche von Projekt zu Projekt ist vielleicht das typischste Markenzeichen von uns, nämlich ein Verzicht auf Markenzeichen.

Nach der Mediothek in Sendai hat sich meine Haltung etwas verändert. Davor waren mir Transparenz und Leichtigkeit sehr wichtig, heute ist es auch der Symbolgehalt einer Form. Ich suche nach Formen, die den Leuten etwas erzählen, an welchen sie sich erfreuen können, die den Stadtraum bereichern."

Toyo Ito im Interview in DETAIL 5/2011

"In general, architecture is very traditional and conservative. I intend to 'update' it and adapt it to today's ways of life. This is what I'm currently concerned with most.

Computer technology and the diversity of electronic media have drastically altered our world, but also our entire mode of perception. However, our architecture remains the same and hardly reacts to this new context. People today interact with the physical properties of space in a different way. We, as architects, should find an answer to that.

A different approach for every project is possibly what is most typical for our work, that is to say, a non-signature approach.

After the Sendai Mediatheque, my approach has changed slightly. Before that, transparency and lightness were very important to me; today, the symbolic character of a particular form as well. I search for forms that tell people a story, that entertain them, that enrich urban space."

From an interview with Toyo Ito in DETAIL 5/2011

Mediothek in Sendai
Sendai Mediatheque
Toyo Ito & Associates, Tokio / Tokyo

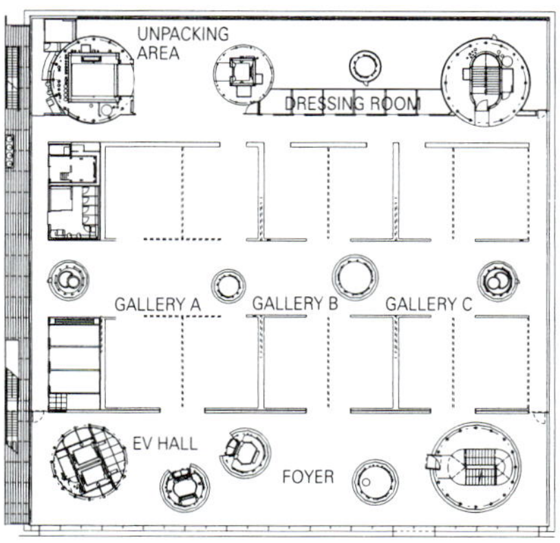

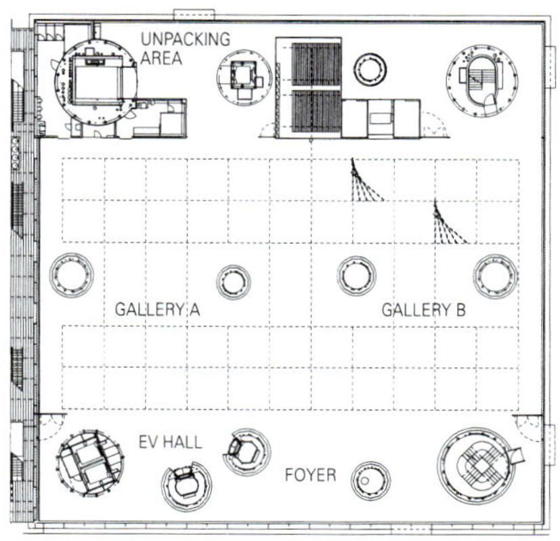

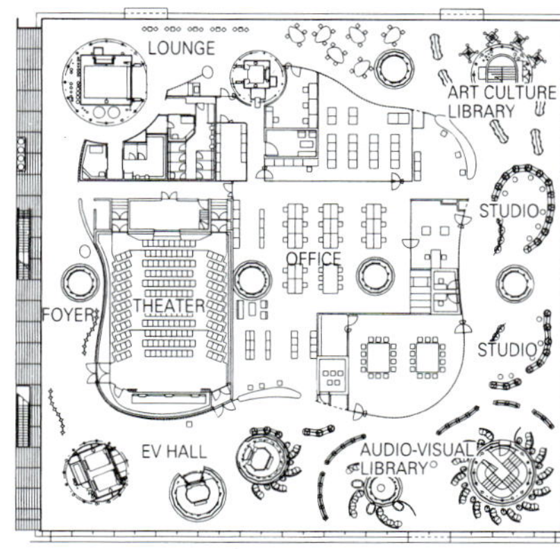

Um die Jahrtausendwende gehört Toyo Itos Mediothek im nordjapanischen Sendai zu den international am meisten beachteten Bauwerken. Bereits vor ihrer Eröffnung wartet die Fachwelt gespannt auf die Fertigstellung des schon vorweg als avantgardistisch gepriesenen Projekts. Und Toyo Ito selbst, einem der radikalsten Vordenker in der japanischen Architektur, gibt die bauliche Verwirklichung dieses Manifests einer Bibliothek im Informationszeitalter die Möglichkeit, seine über viele Jahre entwickelten architektonischen Ideen in großem Maßstab konsequent umzusetzen.

So verlangte bereits das Wettbewerbsprogramm den Paukenschlag: Eine zukunftsweisende Mediothek für das 21. Jahrhundert, die auch formal den Stellenwert und die Bedeutung gedruckter wie digitaler Medien zum Ausdruck bringen soll, die gleichzeitig aber ebenso demonstriert, wie Kulturbauten in Zukunft aussehen könnten. Toyo Ito, der die internationale Ausschreibung schließlich gewinnt, ist für ihren Entwurf geschaffen wie kaum ein anderer. Denn die sich wandelnde Gesellschaft des Informationszeitalters mit seinen Bauten zu reflektieren, ist zur damaligen Zeit sein großes Thema. Mit „Blurring Architecture“ umreißt er sein damaliges Konzept einer fließenden Architektur, die keine optischen Grenzen mehr kennt, in der Innen- und Außenraum, Gebäude und Stadt miteinander verschmelzen. So ist es nur konsequent, dass er bei seinem Entwurf auch innerhalb der Mediothek auf jegliche Trennwände soweit wie möglich verzichtet. Toyo Itos Konzept baut vielmehr auf größtmögliche Offenheit. Er will Räume schaffen, die sich die Nutzer selbst aneignen können, die aber genügend Flexibilität bieten, um jederzeit auf Änderungen des Programms oder der Funktionen reagieren zu können. Damit kommt er den Wünschen des Auslobers, der Stadtverwaltung von Sendai, entgegen. Diese wünscht sich ein Gebäude, das neben einer Bücherei auch eine Kunstgalerie, ein Zentrum für visuelle Medien sowie eine Bibliothek für Menschen mit Seh- und Hörschwäche beinhaltet, verlangt dabei aber auch, auf die üblichen Abgrenzungen zwischen den einzelnen Nutzungsbereichen zu verzichten.

Toyo Itos Antwort darauf ist ebenso minimalistisch wie radikal. Er entwickelt einen weitgehend transparenten Baukörper von 50 mal 50 Metern Seitenlänge mit sieben offenen Geschossebenen, die von baumartigen Rohrkonstruktionen aus Stahl getragen werden. Diese als „Tubes“ bezeichneten, von Glas umschlossenen Strukturen nehmen unter anderem die Aufzüge und haustechnische Installationen auf und definieren im Grundriss Bereiche, die mit verschiedenen Aktivitäten belegt werden können. Leicht geneigt durchstoßen sie alle Ebenen und variieren dabei im Durchmesser. Auch die einzelnen Geschosse sind unterschiedlich hoch ausgebildet und heben sich hinsichtlich Mobiliar sowie der Ausprägung von Decken und Wänden voneinander ab, um wechselnde Atmosphären zu generieren.

So schafft Ito einen parkähnlichen, vielfältig gestalteten Raum, der keine konkreten Nutzungen vorgibt. Einen Raum, durch den die Besucher spazieren, in dem Menschen sich verabreden können, in dem spontane Begegnungen und Gespräche entstehen. Andere Bereiche wiederum sollen dazu einladen sich niederzulassen, um in Ruhe in einem Buch oder einer Zeitung zu lesen.

Toyo Ito's mediatheque in the northern Japanese city of Sendai was one of the internationally most regarded buildings around the turn of the millennium. Already before its opening, professional circles had been eagerly anticipating the completion of the project, and praising it as avant-garde. For Toyo Ito himself, one of the most radical visionaries of Japanese architecture, the realisation of this manifesto for a library in the information era represented an opportunity to consistently implement the architectural ideas he had developed over many years on a large scale.

Already the competition programme had demanded a sensational building: A forward-looking media library for the 21st century which, in formal terms too, was to express the significance and meaning of printed and digital media, and at the same time, demonstrate how cultural buildings could look like in future. Toyo Ito, who finally won the international competition, was made for designing the mediatheque like no other: His major theme at the time was to reflect the changing society of the information age through his buildings. With “Blurring Architecture”, he outlined his concept of flowing architecture which didn't anymore recognise any visual limits, and in which interior and exterior space, the building and the city, merge with each other. As such, it was only consistent that he dispensed with the use of partition walls in his design to the greatest extent possible, including inside the mediatheque. Toyo Ito's concept aims to provide the greatest possible openness. He wants to create spaces which users can appropriate themselves, while offering sufficient flexibility to react to changes in the programme or functions at any time. In doing so, he met the requirements of the awarding authority, the municipality of Sendai. It wanted a building which would also house a library, an art gallery, a centre for visual media, as well as a library for people with visual and hearing disability, while simultaneously demanding that the usual boundaries between individual usage zones be abolished.

Toyo Ito's answer to this requirement is as minimalist as it is radical. He developed a largely transparent building structure with a 50 × 50 metre side length and seven open floors, which are supported by tree-like tubular steel structures. These tubes, enclosed in glazing, accommodate the elevators and building services installations, amongst other things, and define areas in the floor plan which can be used for various activities. They run across all floors in a slightly tilted manner and vary in diameter. The individual floors too vary in height and stand in contrast to each other with respect to their furniture and the form of ceilings and walls in order to generate changing atmospheres.

Thus, Ito created a park-like, diversely designed space which doesn't prescribe specific uses; a space through which visitors can stroll; where people can meet, and spontaneous meetings and conversations take place. Other areas, in turn, invite people to sit down and read a book or a newspaper.

At the same time, Toyo Ito, whose approach is highly conceptual, has incorporated numerous metaphors in his building. The load-bearing structure, for example, which – from a structural viewpoint – is not entirely rational, is meant to recall algae swaying in the water, thereby symbolically expressing the process of flowing. For visitors, however, prior knowledge of such innuendos is necessary so as to recognise and understand them at the site.

Independently of this symbolism, however, one of the main qualities of the mediatheque in Sendai quite simply lies in

Gleichzeitig versieht der sehr konzeptionell denkende Architekt sein Gebäude mit zahlreichen Metaphern. Mit der unter statischen Gesichtspunkten nicht ganz rationalen Tragstruktur beispielsweise will er an sich im Wasser wiegende Algen erinnern und damit dem Prozess des Fließens sinnbildlich Ausdruck verleihen. Von derlei Anspielungen allerdings muss der Besucher wissen, um sie vor Ort auch zu erkennen und zu verstehen.

Doch unabhängig von solcher Symbolik liegt eine der Hauptqualitäten der Mediothek in Sendai ganz einfach in ihrer edlen Gestaltung und ihren präzisen, sehr reduzierten Details. Das gilt ganz besonders auch für die ausgesprochen aufgelöste, zur Stadtseite hin orientierte Glasfassade, die primär als Klimahülle dient. Bei Tag lässt die zweischalige Konstruktion eine große Durchlässigkeit von innen nach außen spüren, während nachts bei hell erleuchteten Innenräumen die filigrane Struktur vollständig zum Ausdruck kommt – die Trennung zwischen Gebäude und Stadtraum scheint tatsächlich aufgehoben. Die teilweise bedruckten Glasscheiben und die damit verbundenen Übergänge von transparenten zu transluzenten Bereichen tragen dazu bei, die eigentliche Gebäudegrenze optisch zu verwischen.

Ebenso wie die gesamte Tragstruktur ist diese Glasfassade unter technischen Gesichtspunkten eine besondere Herausforderung, zumal sie speziell in Japan auch erdbebensicher ausgeführt werden muss. Dass dies den Architekten und Ingenieuren tatsächlich gelingt, zeigt sich eindrucksvoll während des verheerenden Erdbebens vom März 2011, dessen Epizentrum nur gut hundert Kilometer von Sendai entfernt liegt. Das Gebäude erlitt dabei zwar einige kleinere Blessuren, blieb aber von größeren Schäden weitgehend verschont.

Mit seiner avantgardistischen Mediothek hat der Architekt der ansonsten eher eintönigen Stadt Sendai ein kulturelles und architektonisches Wahrzeichen vermacht sowie einen der beliebtesten öffentlichen Räume der Stadt. Seit der Eröffnung im Januar 2001 besuchen bis zu 2000 Personen am Tag das Haus, darunter nach wie vor zahlreiche Architekturtouristen.

Toyo Ito selbst verhilft das Projekt auch international endgültig zu einem festen Platz in der allerersten Reihe der Architekturgrößen. Doch der sympathische und eher bescheiden auftretende Architekt zeigt auch danach keinerlei Starallüren. Ebenso wenig lässt er sich dazu verführen, immer wieder auf die gleichen, einmal bewährten Konzepte oder Formen zu bauen oder seine Architektursprache gar als Marke zu inszenieren. Stattdessen überrascht er durch eine ungemein gestalterische Vielfalt und durch ein breites Spektrum an Aufgaben, das vom energieeffizienten Sportstadion bis zum Opernhaus reicht.

Seit seinem Erfolg in Sendai entwirft und baut Toyo Ito verschiedene Bibliotheken, bis er im Sommer 2016 wieder eine kommunale Mediothek, diesmal im zentraljapanischen Gifu, fertigstellen kann. Diese darf zurecht als direkte Nachfolgerin zu Sendai gesehen werden, wenngleich sie vollkommen anders und weit weniger spektakulär in Erscheinung tritt. Das liegt zuallererst am städtebaulichen Umfeld und am vorhandenen Platz, vor allem aber an der grundsätzlichen

its exquisite design and its precise, highly reduced details. This especially applies to the markedly dissolved glazed facade facing the city which primarily serves as a climatic shell. During the day, the dual-shell structure displays a high degree of permeability from the inside to the outside, while at night, in brightly lit interior spaces, the delicate structure finds full expression – the separation between the building and the urban space seems absent indeed. Also the partly printed panes of glass and the linked transitions from transparent to translucent areas contribute to visually blurring the actual boundary of the building.

Like the entire load-bearing structure, this glazed facade represented a special challenge, also with respect to technical aspects, since in Japan it also had to be earthquake-proof. The fact that the architects and engineers successfully met this challenge was impressively demonstrated during the devastating earthquake in March 2011, whose epicentre was only a little over a hundred kilometres away from Sendai. Though the building suffered some minor damage, major damage was largely averted.

With his avant-garde mediatheque, the architect has given the otherwise somewhat monotonous city of Sendai a cultural and architectural landmark, as well as one of the most popular public spaces in the city. Since its opening in January 2001, the building has been visited by up to 2,000 people per day, and still includes many architecture tourists.

For Toyo Ito himself, the project finally also internationally helped him to firmly secure a place in the foremost row of renowned architects. However, the likeable architect with his unassuming appearance even now neither shows any signs of putting on the airs of a star nor is he tempted to always fall back on the same, once proven concepts or forms, or even to orchestrate his architectural language in terms of a brand. Instead, he surprises with his tremendous aesthetic diversity and broad array of assignments, ranging from an energy-efficient sports stadium to an opera house.

Since his success in Sendai, Toyo Ito has been designing and constructing various libraries until he again completed a municipal mediatheque in the summer of 2016 – this time in Gifu in central Japan. This building can justifiably be seen as a direct successor to the one in Sendai, even if it appears to be entirely different and much less spectacular, the reason for this being, first and foremost, the urban development environment and available space, but also the basic stance taken vis-à-vis the construction task in particular – for in today's time, where it's commonly understood that the printed book will continue to have its value despite digital competition, a library has no need to prove itself.

As such, the Minna no Mori Gifu Media Cosmos, which largely has the function of a classic library, seems much more self-evident, even downright relaxed compared to its predecessor in Sendai. At the same time, the architect, however, had also changed his stance. While Toyo Ito previously wanted to positively dissolve building boundaries with his "Blurring Architecture", the formal qualities and physical presence of the materials have now become paramount. Therefore, he gives the large reading hall, which occupies the entire upper floor measuring almost 4,000 square metres, distinctly sensual qualities, accomplishing this with an impressive undulating wooden roof and not least with the eleven huge umbrella-like structures called "globes".

Haltung der Bauaufgabe gegenüber. Denn heute, wo es zum allgemeinen Verständnis gehört, dass das gedruckte Buch trotz der digitalen Konkurrenz auch weiterhin seinen Stellenwert haben wird, muss sich eine Bibliothek nicht selbst beweisen.

So wirkt der „Minna no Mori Gifu Media Cosmos", der überwiegend die Funktion einer klassischen Bibliothek innehat, viel selbstverständlicher, ja geradezu entspannter als sein Vorgänger in Sendai. Gleichzeitig hat der Architekt selbst seine Haltung geändert: Wo Toyo Ito früher mit seiner „Blurring Architecture" Gebäudegrenzen geradezu auflösen wollte, stehen für ihn jetzt vielmehr formale Qualitäten sowie die physische Präsenz der Materialien im Vordergrund. Folglich verleiht er dem großen Lesesaal, der das gesamte knapp 4000 Quadratmeter große Obergeschoss einnimmt, ausgesprochen sinnliche Qualitäten. Er erreicht das mit einem eindrucksvollen, gewellten Dach aus Holz, nicht zuletzt aber mit den elf riesigen, als „Globes" bezeichneten schirmartigen Gebilden. Diese transluzenten Strukturen aus Polyestergewebe mit ihren applizierten Mustern sind zugleich ein wesentlicher Bestandteil des nachhaltigen Energiekonzepts. Als eine Art Abluftkamin unterstützen sie die natürliche Belüftung und wirken als Lichtfilter und -reflektor. Allen voran jedoch zonieren sie den Raum und verleihen ihm maßgeblich seine zum Teil heitere, an anderer Stelle aber wieder meditative Atmosphäre.

So ist Toyo Itos Medienkosmos in Gifu, zu dessen Programm wie schon in Sendai die schrankenlose Zugänglichkeit für jedermann gehört, spürbar mehr als nur eine Bibliothek. Über seine eigentliche Funktion hinaus wird er zu einem maßgeblichen sozialen Ort im städtischen Gefüge. Menschen können sich hier zwanglos treffen, Kinder toben in den Spielecken umher, während ihre Mütter zum Plaudern zusammensitzen und andere Besucher sich zwanglos auf einer der organisch geformten Bänke auf der großen Loggia im Freien oder konzentriert unter einem der Schirme in ein Buch vertiefen.

Kazuyo Sejima, die einige Jahre bei Toyo Ito gearbeitet hatte, bevor sie mit ihren eigenen Arbeiten international Furore macht, hat die 2010 von ihr kuratierte Architekturbiennale in Venedig unter das Motto „People meet in architecture" gestellt – ein Leitspruch, der in kaum einem anderen aktuellen Bauwerk derart lebendig wird, wie in Itos Mediothek in Gifu.

These translucent structures made of polyester fabric and their applied patterns simultaneously form a major part of the building's sustainable energy concept. As a type of vent stack, they support natural ventilation and act as light filter and reflector. Above all, however, they zone the space, definitively giving it its cheerful and in other places meditative atmosphere.

As such, Toyo Ito's media cosmos in Gifu, whose programme includes, as already in Sendai, barrier-free accessibility for everyone, is palpably more than just a library. Transcending its actual function, it has become a definitive social place within the urban fabric. Here, people can casually meet; children can rollick about in the play corners while their mothers chat; and other visitors can relax on one of the organically shaped benches on the large, open-air loggia, or delve into a book under one of the umbrellas.

Kazuyo Sejima who had worked with Toyo Ito for a few years before causing international furore with her own works, placed the 2010 architecture biennale in Venice, which was curated by her, under the motto "People meet in architecture" – a motto which, like in no other contemporary building, veritably comes alive in Ito's mediatheque in Gifu.

Reflexionen und Bedruckungen auf dem Glas verwischen die Grenze zwischen innen und außen. / Reflections and printing on the glass blur the borders between inside and outside.

Grundschule in Gando
Gando Primary School
Kéré Architecture, Berlin

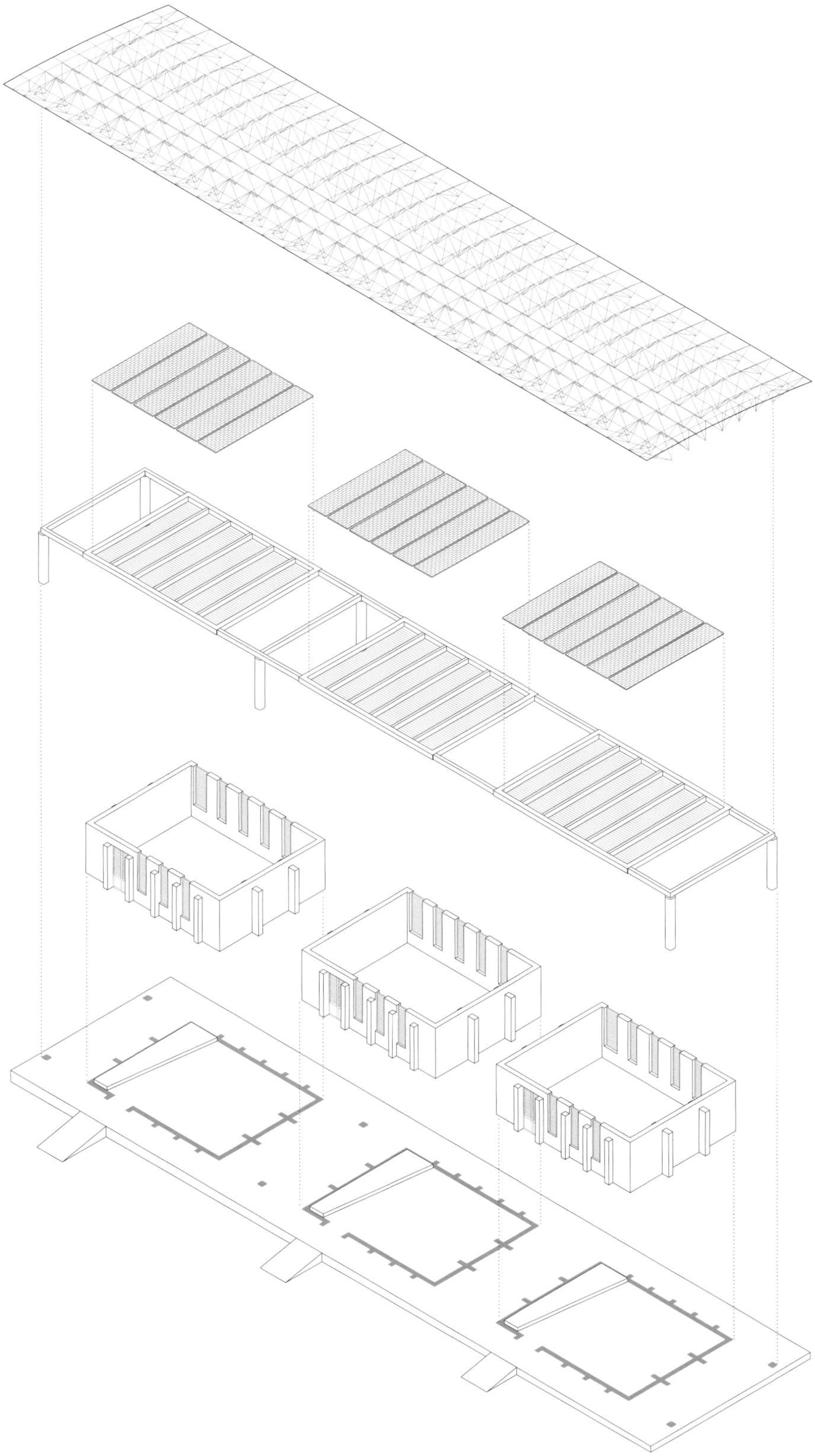

Gando, ein kleines Dorf in Burkina Faso, einem der zehn ärmsten Länder der Welt. Das Klima am südlichen Rand der Sahara ist unwirtlich und trotzdem leben die meisten Menschen unter extrem kargen Bedingungen als Selbstversorger von der Landwirtschaft. 1972 beschließt hier der Vater einer Großfamilie mit insgesamt 24 Kindern einen seiner Söhne in die nächstgelegene Stadt zur Schule zu schicken. So wird Francis Kéré im Alter von sieben Jahren zum allerersten Mitglied seiner Dorfgemeinschaft, das Lesen und Schreiben lernt. Später folgt die Oberschule und – ermöglicht durch ein Stipendium – eine Berufsausbildung in Deutschland. In Berlin besucht Kéré das Abendgymnasium, macht Abitur und beginnt mit 30 Jahren an der Technischen Universität Architektur zu studieren.

Noch während seines Studiums weiß der angehende Architekt, der selbst die Privilegien einer Ausbildung erfahren konnte, dass er seinem Heimatdorf etwas zurückgeben möchte. Er überzeugt seinen Professor und entwirft als Semesterarbeit für Gando eine kleine Schule mit nur drei Klassenräumen. Anschließend sammelt er Spendengelder und verwirklicht den Bau mithilfe einiger Kommilitonen, vor allem aber mit der Eigenarbeit der einheimischen Bevölkerung, noch bevor er sein Diplom in der Tasche hat.

Das Konzept für Kérés Schule ist ebenso einfach wie nachhaltig. Er verwendet nur vor Ort verfügbare Materialien und Techniken, die die ungelernten, aber im Bauen erfahrenen Dorfbewohner mit ihren einfachen Werkzeugen selbst ausführen können. Nicht zuletzt aber entwickelt er ein ausgeklügeltes Belüftungskonzept, mit dessen Hilfe es gelingt, die Raumtemperatur um mehrere Grad unter der Außentemperatur zu halten. Eine wesentliche Rolle bei seinem Energie- und Lüftungskonzept spielt das schirmartige äußere Dach, mit dem er das Haus verschattet und gleichzeitig während der zwar kurzen, aber sehr heftigen Regenzeit vor Niederschlägen schützt. Für dieses simple Blechdach entwickelt Francis Kéré eine einfache, gut durchlüftete Tragkonstruktion aus zusammengeschweißten Bewehrungseisen, denn Profilstahl oder auch Stahlbeton wären in seinem Heimatdorf viel zu teuer. Als Hauptbaustoff für die Wände und das innere Dach hingegen setzt er die in der Gegend üblichen Lehmziegel ein. Um diesen eine längere Haltbarkeit während der Regenfälle sowie ein besseres Image bei den Menschen vor Ort zu verleihen, veredelt Kéré sie mit Zement.

Auch die Redaktion DETAIL ist damals sofort von seiner nachhaltigen und sozialen Architektur angetan. 2003 kann Francis Kéré hier zum allerersten Mal in einer Fachzeitschrift veröffentlichen. Und noch heute erinnert sich der Autor dieser Zeilen sehr gut an das vorausgehende Telefonat und das überzeugende Auftreten des jungen Architekten dabei. Es ist diese Überzeugungskraft, gepaart mit einer großen Authentizität, mit der es Kéré immer wieder gelingt, Sponsoren und Förderer für seine Projekte aufzutun.

Eine wesentliche Grundlage für seinen weiteren Erfolg ist die Verleihung des Aga Khan Awards 2004. Es gleicht einer kleinen Sensation, dass Francis Kéré diesen renommierten Preis bereits für sein erstes, bescheidenes Projekt – und beinahe gleichzeitig zu seinem Studienabschluss – erhält.

Gando is a small village in Burkina Faso, one of the ten poorest countries in the world. While the climate on the southern edge of the Sahara is inhospitable, most people nevertheless live as self-supporters from agriculture under extremely austere conditions. It was here that, in 1972, the father of an extended family with 24 children decided to send one of his sons to school in the nearest city. This is how seven-year-old Francis Kéré became the very first member of his village community to learn to read and write. Secondary schooling followed, and, thanks to a scholarship, vocational training in Germany. In Berlin, Kéré visited night school, passing his school-leaving examination, and at the age of 30, started studying architecture at the Technical University.

Even before completing his studies, the prospective architect who personally experienced the privilege of an education knew that he wanted to give back something to his village. After convincing his professor, for his course work, he designed a small school with only three classrooms for his home village of Gando. He subsequently collected donations, and realised the building with the help of a few fellow students, and above all, with the active effort by the local population, even before completing his degree.

The concept for Kéré's school is as simple as it is sustainable. He exclusively used locally available materials and technologies, which the uneducated but building-experienced villagers could implement themselves with their simple tools. Not least, he developed an ingenious ventilation concept, which helps in maintaining the room temperature several degrees below the outside temperature. In his energy and ventilation concept, a major role is played by the umbrella-like outer roof, shading the building and simultaneously protecting it from rain during the short but intense rainy season. For this plain tin roof, Francis Kéré developed a simple, well-ventilated load-bearing structure made of welded reinforcement bars, since profile steel or reinforced concrete would have been much too expensive in his home village. As the main building material for the walls and the inner roof, on the other hand, he used the locally common mud bricks. In order to improve their durability during the rains and their image among the local people, Kéré refined them with cement.

The editorial department of DETAIL, too, was immediately impressed by his sustainable and social architecture. In 2003, Francis Kéré was able to publicise his work here for the first time in a professional journal. To this very day, the author of these lines very well remembers the preceding telephone call and the convincing appearance of the young architect. It is this power of persuasion, coupled with great authenticity, with which Kéré time and again succeeds in finding sponsors and patrons for his projects.

A key foundation for his further success was the conferment of the Aga Khan Award in 2004. Sensationally, Francis Kéré received this prestigious prize for his very first, modest project – and almost simultaneously with his university degree. Numerous other prizes and awards quickly followed, giving him a boost for further buildings. In Gando, he initially constructed teachers' accommodations and was simultaneously able to convince the government to meet the cost of their salaries. The excitement about and rush for his small school was so great that an

Links: Bibliothek der Grundschule in Gando 2010 / Left: Library of the primary school in Gando 2010
Rechts: Oberschule in Gando 2011 / Right: Secondary school in Gando 2011

Die gesamte Dorfgemeinschaft hilft mit beim Bau. Lehrerunterkunft in Gando 2004 /
The entire village community helps with the construction. Teachers' accommodation in Gando 2004

Zahlreiche Preise und Auszeichnungen folgen schnell. Das gibt Kéré Auftrieb für weitere Bauten. In Gando errichtet er zunächst Unterkünfte für die Lehrkräfte und kann gleichzeitig die Regierung davon überzeugen, für deren Gehalt aufzukommen. Allerdings sind die Begeisterung für seine kleine Schule und auch der Ansturm darauf so groß, dass schon bald eine Erweiterung notwendig wird. Diese kann 2008 fertiggestellt werden.

In rascher Folge entstehen weitere Bauten, fast immer von gesellschaftlichem Belang: Schulen und Krankenstationen oder ein Frauenzentrum. Kérés Architektur gewinnt dabei mehr und mehr an Ausdruckskraft. Besonders schön zeigt sich das bei der chirurgischen Klinik in Léo (2014) oder der Oberschule in Koudougou (2016), wo es der Architekt versteht, den einfachen Konstruktionen mit farbigen Akzenten, plastischen Lüftungsaufsätzen oder einer Hüllstruktur aus Holzstangen einen besonderen Charakter sowie eine heitere Ausstrahlung zu verleihen. Außerhalb Burkina Fasos entwirft er unter anderem ein Museum und Neubauten für einen Nationalpark in Mali und gestaltet eine Teilausstellung für das internationale Rotkreuz- und Rothalbmondmuseum in Genf. 2017 kann Francis Kéré gar den Serpentine Pavillon realisieren und sich damit in eine Reihe ausgezeichneter internationaler Architekten stellen. Seine Beauftragung dazu zeigt aber auch, dass die Kuratoren in den Bereichen Kunst und Architektur sich zunehmend anderen Kulturkreisen öffnen.

Parallel zu seiner Bautätigkeit ist Kéré international als Redner gefragt, er fehlt auf keinem Symposium, bei dem es um nachhaltige Architektur in ärmeren Ländern geht. Mit Temperament und Leidenschaft erzählt er von seiner Architektur, vor allem aber auch von den Entstehungsprozessen. Seine eigene Biographie macht ihn dabei so authentisch und führt uns vor Augen, dass eine Schule in Burkina Faso, einem Land mit einer Analphabetenrate von immer noch etwa 70 Prozent, weit mehr ist als nur eine Einrichtung zum Lernen. Eine einfache Schule dort kann die Grundlage für Fortschritt und wirtschaftliche Entwicklung schlechthin bedeuten und wird damit für die Menschen auch zum Symbol für eine bessere Zukunft. Dadurch, dass Kéré selbst aus Westafrika stammt und in Deutschland ausgebildet ist, kann er Brücken schlagen zwischen den Welten. Vor allem aber läuft er mit seinen Projekten nicht Gefahr, dass die Menschen vor Ort den Eindruck erhalten, etwas von außen aufoktroyiert zu bekommen.

Kérés Architektur ist leise und unspektakulär, dafür aber ausgesprochen nachhaltig und von enormer sozialer Relevanz. Mit der kleinen Schule in Gando fängt für ihn seinerzeit alles an. Mit ihr gelingt es dem Architekten, ein eindrucksvolles Zeichen zu setzen. Ein Zeichen dafür, was Leidenschaft und Engagement verbunden mit einem intelligenten Konzept bewirken können. Auch mit sehr kleinen Budgets ist ein Wandel zu Besserem möglich.

extension soon became necessary, which was completed in 2008.

In quick succession, further buildings were constructed, almost always with social relevance: schools and health centres, or a women's centre. Kéré's architecture increasingly gained expressive quality. This is demonstrated in an especially beautiful manner in the surgical clinic in Léo (2014), or the secondary school in Koudougou (2016), where the architect deftly gives the simple constructions a special character as well as a cheerful appeal using colourful touches, sculptural ventilation caps, or a covering structure of wooden rods. Outside Burkina Faso, he designed a museum and new buildings for a national park in Mali, amongst others, as well as a partial exhibition for the International Red Cross and Red Crescent Museum in Geneva. In 2017, Francis Kéré was able to realise the Serpentine Pavilion, placing him in a succession of internationally distinguished architects. His commissioning to construct the Pavilion also demonstrates that curators in the fields of art and architecture are gradually starting to open up towards other cultures.

In conjunction with his construction activity, Kéré is an internationally sought-after speaker, being part of every symposium on sustainable architecture in poorer countries. With passion and spirit, he talks about his architecture, and especially about its processes. In doing so, his own biography lends him authenticity, making us aware that a school in Burkina Faso, a country with an illiteracy rate of still around 70 percent, is much more than a learning facility. A simple school in the country can be the basis for advancement and economic development per se, thus also becoming a symbol of a better future for the people. Coming from West Africa and having been trained in Germany, Kéré is able to build bridges between worlds. Above all, however, his projects don't risk creating the impression among locals in his home country that something is being imposed on them from the outside.

Kéré's architecture is quiet and unspectacular yet distinctly sustainable and highly socially relevant. For him, the small school in Gando started everything. In building it, the architect succeeded in sending an impressive signal, namely what passion and commitment, coupled with an intelligent concept, can achieve. Even with very small budgets, a change for the better is possible.

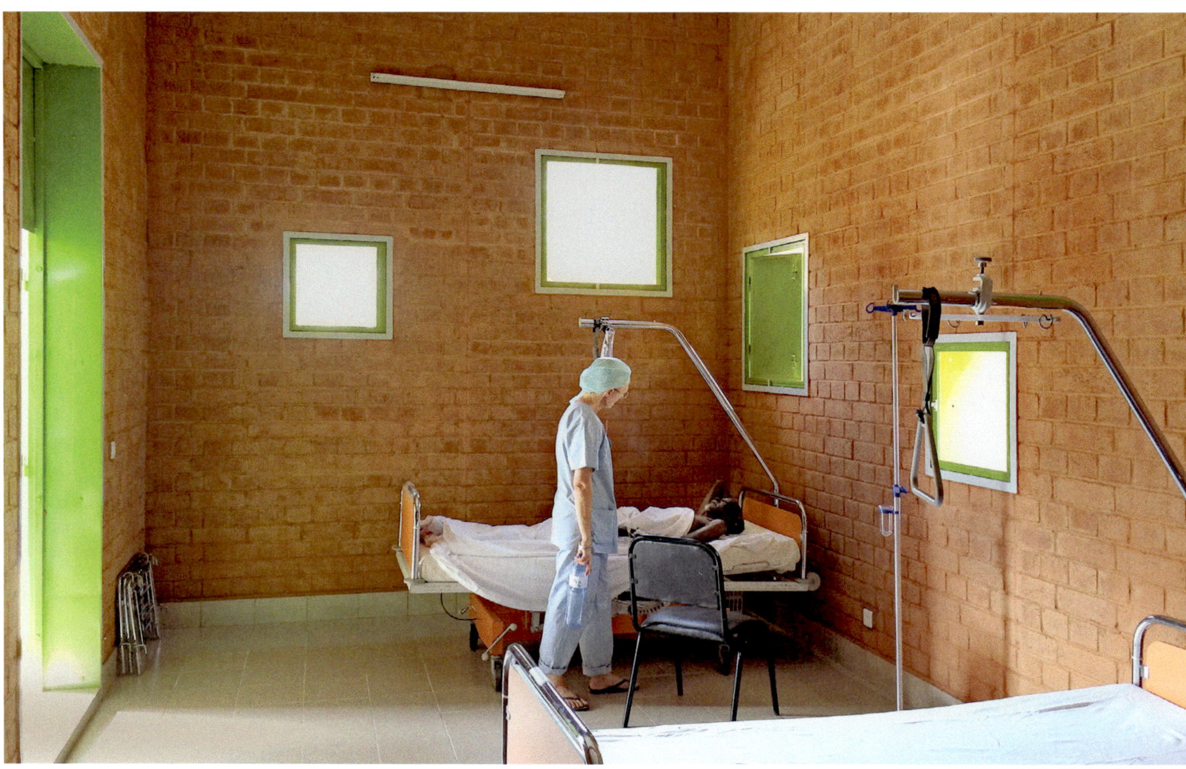

Skischanze Bergisel in Innsbruck
Bergisel Ski Jump in Innsbruck
Zaha Hadid Architects, London

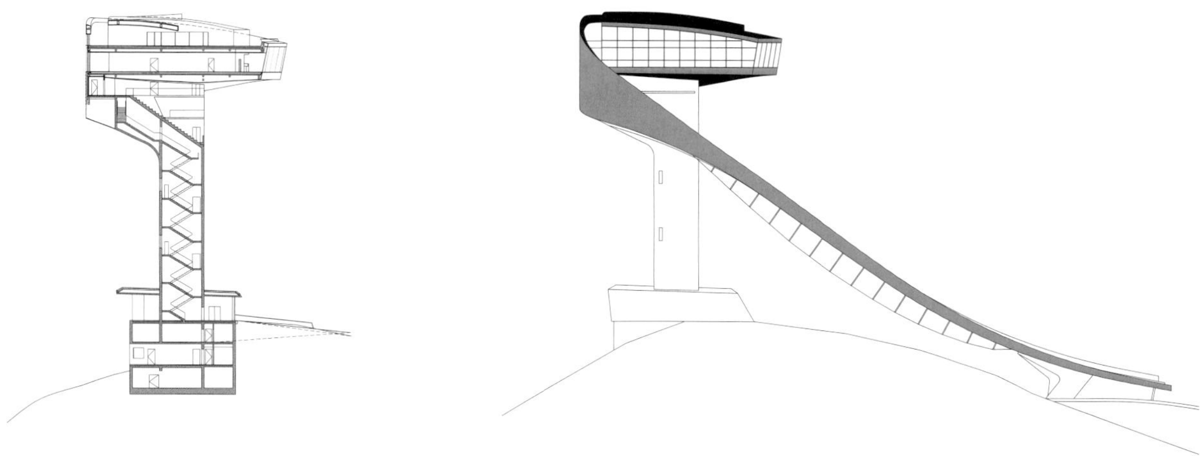

Zaha Hadid hat bis zu ihrem viel zu frühen Tod im März 2016 zahlreiche extravagante Bauten entworfen – angefangen mit ihrem zwar spektakulären, aber doch an der Funktion vorbeigeplanten Feuerwehrhaus für Vitra in Weil am Rhein. Aufsehenerregende Prestigebauten in den ehemaligen Sowjetrepubliken gehören ebenso dazu wie zahlreiche Museen. Beim Phaeno in Wolfsburg gelingt es der britisch-irakischen Architektin mit ihrer kraftvollen, nach allen Seiten fliehenden Sichtbetonarchitektur eindrucksvoll, der relativ jungen Institution „Science Museum" eine ebenso spannende wie angemessene Hülle zu geben und den Eventcharakter solch einer Einrichtung zu unterstreichen. Ihr MAXXI in Rom indes weist zwar faszinierende Raumfolgen auf, macht es der ausgestellten Kunst aber ausgesprochen schwer, sich gegen die „laute" Architektur zu behaupten.

Zaha Hadid, die schillernde Diva unter den Stararchitekten, war immer dann gefragt, wenn es um Attraktionen ging, wenn ein zeichenhaftes Bauwerk, also ein „Signature Building" verlangt war. So lieferte ihr Büro ähnliche Formen unabhängig vom lokalen Kontext oder der jeweiligen Funktion. Auch die technischen und handwerklichen Möglichkeiten vor Ort bleiben dabei nur allzu gerne unberücksichtigt, was besonders drastisch die Außenhaut am Opernhaus im chinesischen Guangzhou zeigt. Bei einigen ihrer Bauten aber passen Form und Funktion perfekt zusammen. Dazu zählt zweifellos die Skischanze Bergisel oberhalb von Innsbruck in Tirol. Hier gelingt es Zaha Hadid auf großartige Weise, Dynamik und Bewegungsablauf des Skisprungs auf das Gebäude zu übertragen und ihm formal Ausdruck zu verleihen. Durch die rasante Entwicklung dieser Sportart genügt die alte Olympiaschanze dort zum Ende des letzten Jahrhunderts nicht mehr den geforderten internationalen Standards. Statt diese aufwendig umzurüsten, entschließen sich die Verantwortlichen, an deren Stelle eine neue, von vornherein als Touristenattraktion angelegte Anlage zu bauen. Bereits der geladene Wettbewerb mit sieben Teilnehmern fordert somit ein zeichenhaftes Gebäude – und das schafft Zaha Hadid mit ihrer markanten, von weitem sichtbaren Sprungschanze zweifellos. Sie versteht es, schanzenfremde Funktionen wie Panoramacafé und Aussichtsplattform mit den sporttechnischen Anforderungen zu einer organischen Einheit zusammenzufügen. So besticht ihr Entwurf durch die vom Turmkopf bis zur Absprungstelle durchgehende fließende Form. Um den mächtigen Turm aus Beton windet sich eine mit Blech umhüllte Stahlkonstruktion, die in einer eleganten Drehbewegung die Dynamik der Absprungrampe in das Restaurant und Café überführt. Den Abschluss dieser Bewegung bildet ein riesiges Panoramafenster, durch das die Besucher einen fantastischen Blick über Innsbruck und die gegenüberliegende Bergkette – und während der Wettkämpfe auch auf die Skispringer – genießen können.

Zaha Hadid gilt als eine der Hauptvertreterinnen einer dekonstruktivistischen Architektur, einer Bauweise also, die optisch Struktur und Formen sprengt. Mit der Skischanze Bergisel in Innsbruck indes gelingt ihr das genaue Gegenteil: Eine organischen Gesamtform, die trotz unterschiedlicher Funktionen als vollkommene Einheit wirkt.

Zaha Hadid had designed numerous extravagant buildings until her untimely death in March 2016. Starting with her spectacular albeit functionally somewhat disregarding fire station for Vitra in Weil am Rhein, her oeuvre ranges from eye-catching prestige buildings in the former Soviet republics to a large number of museum buildings. In the Phaeno project in Wolfsburg, the British-Iraqi architect, with her powerful exposed concrete architecture, like in a diminishing perspective, impressively succeeded in giving the relatively young institution of the Science Museum a building shell which is both suspenseful and appropriate, and underlines the event character inherent in such a facility today. Though her design for the MAXXI in Rome displays fascinating spatial sequences, the exhibited art has a distinctly hard time coming into its own in view of the loud, attention-seeking architecture.

Zaha Hadid, the flamboyant diva among the star architects, was always in demand whenever there was a desire for attractions, and when cities, politicians, or cultural institutions were looking for a symbolic or so-called signature building. As such, her architectural practice consistently seemed to apply similar architectural forms independently of the local context or respective function, while local technical and craft opportunities often remained unconsidered, such as in the opera house in Guangzhou in southern China, where she and her partner Patrik Schumacher had the expressive, parametrically designed shapes clad in natural stone, while poor execution quality becomes clearly visible.

In some of her buildings, however, form and function match perfectly, which undoubtedly includes the Bergisel ski jump above Innsbruck in Tyrol, where Zaha Hadid magnificently succeeded in transmitting the dynamics and sequence of movement of the ski jump onto the building, and giving formal expression to it.

Due to the rapid development of ski jumping, the old Olympic ski jump at the site no longer met the required international standards at the turn of the millennium. Instead of opting for an expensive retrofit, it was decided to blow up the old sports venue and construct a new one, including a panorama café and a viewing terrace, intended as a tourist attraction right from the start. As such, the invited competition that included seven participants had already presupposed a building with a high symbolic value – a building which Zaha Hadid undoubtedly succeeded in designing, resulting in the distinctive, widely visible ski jump.

In doing so, she exemplarily succeeded in linking functions not directly related to ski jumping, such as a café and a viewing platform, with sporting requirements, creating an organic unity. Her design captivates on account of its continuously flowing form, reaching from the tower head to the jumping-off point. Zaha Hadid wound a sheet-metal-clad steel structure around the massive concrete tower, transmitting the dynamics of the ski jump ramp to the restaurant and the café in an elegant rotating movement, which terminates at the huge panoramic window, allowing visitors to enjoy fantastic views of Innsbruck and the opposite mountain chain. During the sporting competitions, it serves as a sought-after spectator box for viewing the ski jumpers from above.

Zaha Hadid is considered to have been one of the main representatives of deconstructivist architecture – a style that visually explodes structure and form. Meanwhile, with her Bergisel ski jump in Innsbruck, Zaha Hadid succeeded in accomplishing exactly the opposite, namely an organic overall form which, despite containing differentiated functions, forms a perfect unity.

Sperrholz und gewelltes Glas mit Blattgoldapplikationen prägen den großen Konzertsaal. /
The large concert hall is characterised by laminated wood and corrugated glass with gold-leaf applications.

Casa da Música in Porto
Casa da Música in Porto
OMA, Rotterdam

Oben: Grundrisse EG, 1. OG, 4. OG, Längsschnitt Maßstab 1:1000 / Above: Floor plans ground floor, first floor, 4th floor, longitudinal section, scale 1:1,000
Mitte: Grundrisse 5. OG, 6. OG, 8. OG, Querschnitt Maßstab 1:1000 / Middle: Floor plans 5th floor, 6th floor, 8th floor, cross section, scale 1:1,000
Unten: Die Erschließung ist als Parcours durch das Gebäude angelegt. / Below: Circulation is organised as a path through the building.

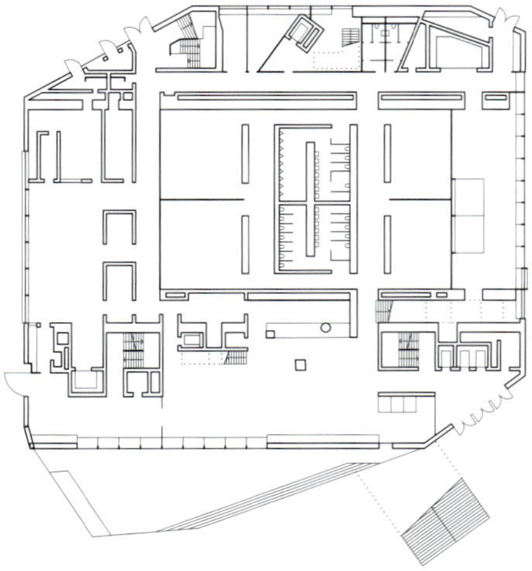

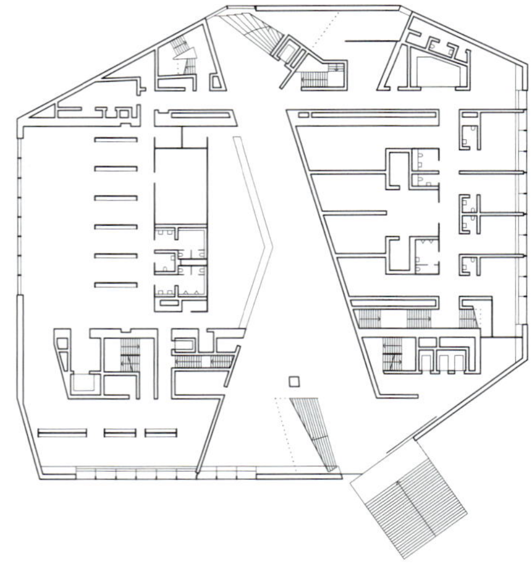

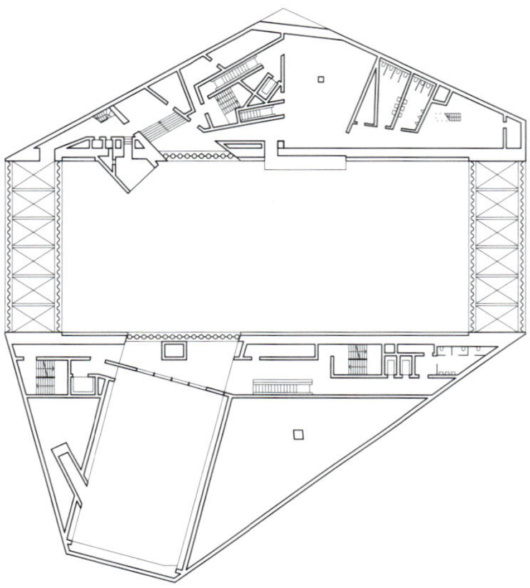

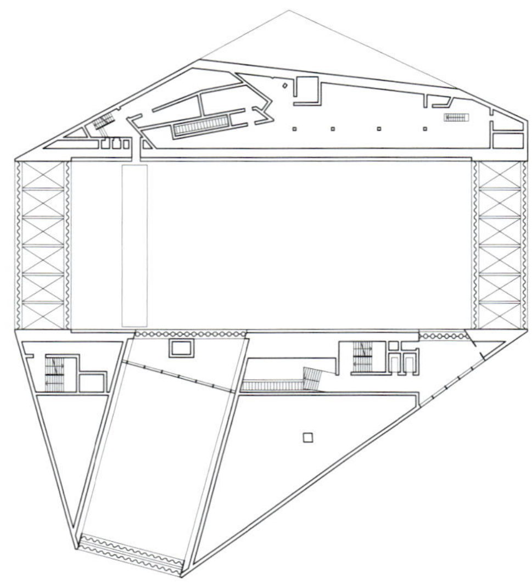

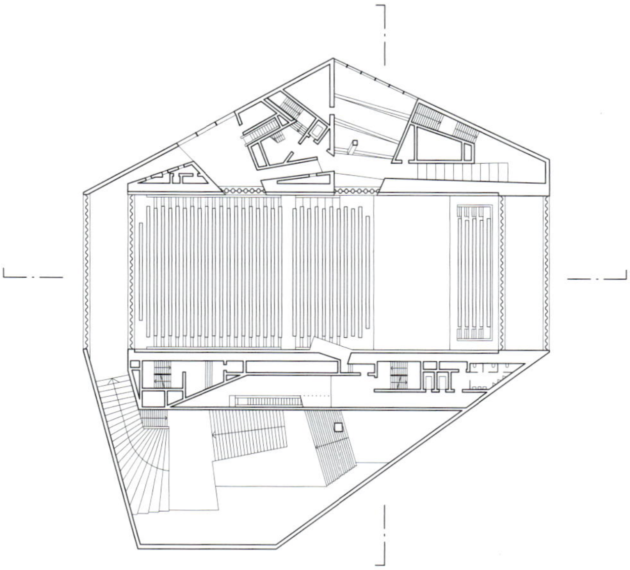

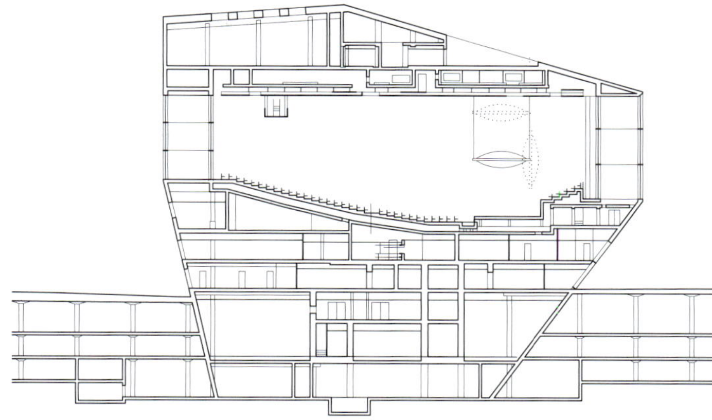

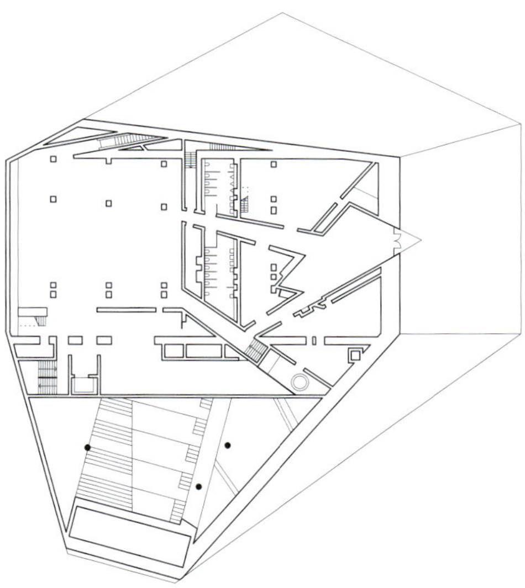

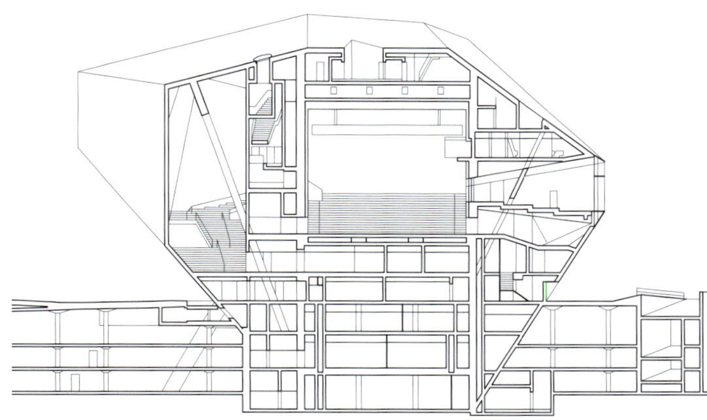

Wie ein Meteorit, eingeschlagen in ein städtebaulich vernachlässigtes Gebiet, liegt seit April 2005 die Casa da Música zwischen heruntergekommenen kleinen Häusern nahe der Rotunda da Boavista, nordwestlich der als Weltkulturerbe geschützten Altstadt von Porto.

Ihr Entwurf geht auf einen geladenen Wettbewerb zwischen fünf Architekturbüros zurück, den Rem Koolhaas und sein Rotterdamer Office for Metropolitan Architecture (OMA) mit dem von ihnen gern angewandten Prinzip des unterteilten Containers für sich entscheiden können. Denn die Architekten reihen die beiden kistenförmigen Konzertsäle nicht nebeneinander, sondern bündeln sie zusammen mit allen weiteren Funktionsbereichen in einer kompakten polygonalen Form. Das Ergebnis ist ein ausdrucksstarkes Gebilde aus weißem Sichtbeton, das ein weithin sichtbares Zeichen setzt und damit der gewünschten städtebaulichen Erneuerung seiner Umgebung die notwendigen Impulse gibt. In seiner eigentlichen Funktion jedoch dient es als flexibler Veranstaltungsraum für Aufführungen der unterschiedlichsten Musikrichtungen, vom klassischen Konzert über Jazz-, Pop- und Rock-Events bis hin zu elektronischer Musik.

Wie schon ein Jahr zuvor bei der Niederländischen Botschaft in Berlin inszeniert OMA auch in Porto bereits den Weg durch das Gebäude. Geschickt nutzen die Architekten dabei die vielfältigen räumlichen Möglichkeiten aus, die sich zwischen den streng rechtwinkligen Musiksälen und der polygonalen Hüllstruktur ergeben. Neben den Foyers und Übungsräumen, Aufnahmestudios sowie einer Bar und einem Restaurant integrieren sie darin auch die Erschließung als dramaturgisch gestalteten Parcours.

Für stete Abwechslung und Überraschungen sorgen neben den unterschiedlichen und spannungsvollen Raumzuschnitten ganz besonders auch die oft ungewöhnlich eingesetzten Materialien. Die Treppenräume mit aluminiumverkleideten Stufen und perforiertem Metall an den Wänden wirken ebenso edel wie modern. In einzelnen Kabinetten finden sich Kacheln in geometrischen Mustern verlegt oder mit christlichen Motiven bemalt. An anderer Stelle präsentieren sich Kunststoffoberflächen in Noppenform. Der große Konzertsaal, der aus akustischen Gründen dem Prinzip der Schuhschachtel folgt, zeigt ein lustvolles Spiel mit industriellen Materialien sowie dekorierten Oberflächen und wirkt damit minimalistisch wie überschwänglich zugleich. Gewelltes

Like a meteorite which slammed into a developmentally neglected area, the Casa da Música has been nestling amidst derelict small houses near the Rotunda da Boavista to the north-west of Porto's old town since April 2005.

Its design goes back to an invited competition that included five architectural practices and which Rem Koolhaas and his Office for Metropolitan Architecture (OMA) in Rotterdam were able to win with their fondly applied principle of the subdivided container. The architects refrained from arranging the two box-shaped concert halls next to each other, but instead bundled them together in a compact polygonal form and including all further functional areas. The result is an expressive structure made of white exposed concrete, sending out a widely visible signal and thus providing the required impulses for the desired urban renewal of its surroundings. In terms of its actual function, however, it serves as a flexible event location for performances of the most diverse musical genres – from classical concerts to jazz, pop, and rock events, including electronic music.

As in the Dutch embassy building in Berlin a year earlier, OMA orchestrated the pathway through the building in Porto. In doing so, the architects skilfully made use of the diverse spatial possibilities which are created between the strictly orthogonal music halls and the polygonal covering structure. Alongside the foyers, rehearsal spaces, recording studios, a bar, and a restaurant, these spaces also accommodate the building's circulation, designed in the form of a dramaturgical course.

Continuous variety and surprises are ensured by the different suspenseful spatial arrangements and the often unusual materials in particular. The stairwells, with their aluminium-clad steps and perforated metal on the walls, exude a refined and modern feel. Individual closets have tiles laid out in geometric patterns, or painted with Christian motifs. Elsewhere, burled plastic surfaces have been installed. The main concert hall, which follows the shoebox principle for acoustical reasons, displays a sensual play of industrial materials and decorated surfaces, simultaneously creating both a minimalist and lavish quality. Wavy glass, permitting views of the

Glas, das Blickbezüge nach außen ermöglicht, gleichzeitig aber das Bild verfremdet, Blattgoldornamente auf Sperrholzplatten als Anspielung auf den portugiesischen Barock sowie das klassische Opernhaus oder etwa das Luftkissen als Schallreflektor über der Bühne fügen sich wie selbstverständlich zusammen. Und dennoch reizen sie die Grenzen des ästhetisch Möglichen aus. Zur besonderen Atmosphäre des Zuschauerraums tragen ganz wesentlich die zeitgemäß gestalteten Sitzreihen des seinerzeit kurz vor der Eröffnung relativ jung verstorbenen Designers Maarten van Severen bei. Durch ihren grauen Samtbezug erscheinen sie ebenso festlich wie modern und korrespondieren gleichzeitig ausgezeichnet mit dem mit Aluminiumblechen belegten Boden. So wird bereits der Gang durch das Konzerthaus zum faszinierenden Architekturerlebnis – wegen der Vielfalt an Raum- und Sinneseindrücken, aber auch wegen der zahlreichen Metaphern und der Rätsel, die sich dem Betrachter stellen.

Rem Koolhaas und sein Büro OMA, in dem eigene Material-Scouts beschäftigt sind, gelten als Wegbereiter für den innovativen Einsatz von Material in der Architektur. Fast alle ihre Bauten zeichnen sich dadurch aus. Bei wenigen davon allerdings ist die Vielfalt und das unvermittelte Aufeinandertreffen von hypermodernen und traditionellen Baustoffen so ausgeprägt wie in der Casa da Música.

Einen regelrechten Rausch an materiellen Sinneseindrücken inszeniert OMA zehn Jahre später bei einem weiteren Kulturkomplex im Bestand – der 2015 eröffneten Fondazione Prada in Mailand. Da sich die verwendeten Farben hier aber überwiegend im Bereich dezenter Grau-, Braun- und Silbertöne bewegen, erkennt der Besucher das gesamte Ausmaß des Eingriffs und die Vielzahl der Maßnahmen erst auf den zweiten Blick. Bei diesem Umbau der vormals als Ginbrennerei genutzten Industriebrache aus dem frühen 20. Jahrhundert zu einem 19 000 Quadratmeter großen Kunst- und Veranstaltungsareal müssen die Architekten keinerlei Auflagen der Denkmalpflege erfüllen. So schaffen sie ein faszinierendes Konglomerat aus Neu- und Altbauten, deren Fassaden sie mit herkömmlichen Putzen ebenso wie mit Oberflächen aus spiegelndem Metall oder Platten aus einem eigens entwickelten Aluminiumschaum verkleiden. Ein ehemaliges Destilleriegebäude lassen sie gar mit 24-Karat-Blattgold überziehen, und zwar komplett, einschließlich der Dachrinnen. Das mythisch strahlende turmartige Gebilde wird nun zum eigenwilligen Akzent.

outside while distorting the image, gold-leaf ornaments on plywood panels as reference to the Portuguese baroque style and the classical opera house, or the air cushion as sound reflector above the stage seem to effortlessly fit together while stretching the limits of what is aesthetically possible. The modern seating rows designed by Maarten van Severen, who passed away shortly before the opening at a relatively young age, make a major contribution to the special atmosphere of the audience area. Their grey velvet covering makes them appear both festive and modern, excellently corresponding with the aluminium sheet floor. As such, a walk through the concert house turns into a fascinating architectural experience, thanks to the diverse spatial and sensory impressions, but also the many metaphors and riddles which present themselves to the viewer.

Rem Koolhaas and his practice, OMA, which employs its own material scouts, are considered pioneers for the innovative application of materials in architecture, which characterises almost all their buildings, though few display such a pronounced diversity and sudden encounter between hypermodern and traditional building materials as the Casa da Música does. Ten years later, OMA orchestrated a veritable rush of material-based sensations in another cultural complex set within an existing building stock, namely the Fondazione Prada in Milan, which opened in 2015. However, since the colours employed here are mainly in the range of gentle grey, brown, and silver tones, viewers only spot the full extent of the intervention and the multitude of measures at second glance. For converting this industrial wasteland, a former gin distillery from the early 20th century, into a 19,000 square-metre art and event venue, the architects did not need to meet monument conservation requirements. They created a fascinating ensemble comprising new and old buildings, whose facades are clad in conventional types of plaster as well as with surfaces of reflective metal or panels made of a specially developed aluminium foam. They even applied a coat of 24-carat gold leaf to a former distillery building, covering it completely, including its rain gutter, while the tower-like structure, gleaming mythically, takes on an idiosyncratic quality.

„Stadien sind die größten öffentlichen Versammlungsräume überhaupt und gleichzeitig sind sie ein Spiegel der Gesellschaft. Für mich als Architekt ist es eine besondere Herausforderung, diese Räume zu bauen, dabei den Finger am Puls der Gesellschaft zu haben und auch noch die fortschrittlichsten und gewagtesten Konstruktionen anwenden zu können. Das ist absolut faszinierend.

Das totale Diktat von Kommerz und Konsum wird beim Bau von Stadien besonders deutlich. Fußball beispielsweise ist ein völlig kommerzialisierter Sport für die Klassengesellschaft. [...] Ein anderes Phänomen, mit dem man beim Bau von Stadien zu tun hat, ist das Verhalten der Masse, sowie das Verhalten des Einzelnen in der Masse. Masse denkt nicht, sie fühlt.

Architektur ist für mich die Synthese aus drei Formen der Ästhetik. Da ist zunächst die pure Funktionsästhetik, wie bei einem Handwerkzeug, wo die Funktion die optimale Form definiert. Das Nächste ist die Konstruktionsästhetik – wie konstruiere ich ingeniös sinnvoll die funktionsgerechte Gestalt? Die dritte Komponente ist die Bedeutungsästhetik: Wie deute ich den Inhalt und den Genius Loci mit dem, was ich funktional richtig und konstruktiv optimal baue?“

Volkwin Marg im Interview in DETAIL 10/2012

“Stadiums are the largest places of public assembly in existence. They’re also a mirror of society. For me as an architect, it presents a special challenge to design spaces of this kind, keeping a finger on the pulse of society and being able to apply the boldest, most advanced forms of construction at the same time. That’s absolutely fascinating.

The complete dictate of commerce and consumption comes out very clearly in the construction of stadiums. Football, for example, is a totally commercialised sport for a class society. [...] Another phenomenon you have to confront when building a stadium is the behaviour of the crowd, as well as of the individual in the crowd. Crowds do not think, they feel.

For me, architecture is a synthesis of three forms of aesthetic: the purely functional aesthetic, as with a tool, where its function determines the optimal shape. The next is the aesthetic of construction – how do I design an ingenious yet logical form that matches the function? And thirdly, the aesthetic of signification: how can I indicate the content and the genius loci with the things I construct in a functionally and structurally optimum manner?“

From an interview with Volkwin Marg in DETAIL 10/2012

Olympiastadion in Berlin, Sanierung und Überdachung

Olympic Stadium in Berlin, Reconstruction and Roofing

von Gerkan, Marg und Partner, Berlin

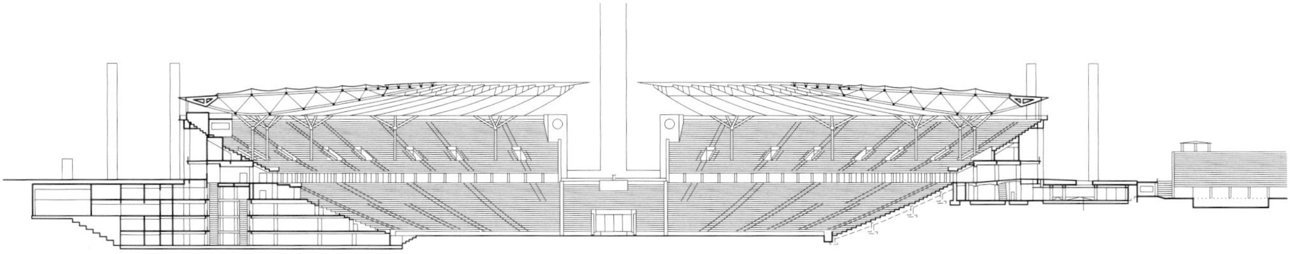

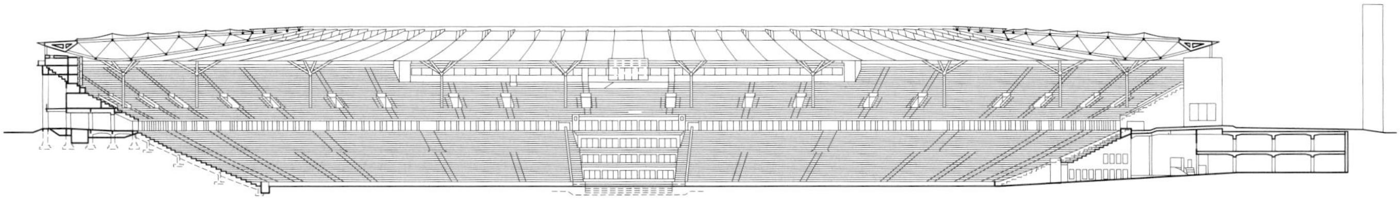

Detailschnitt Dach, Maßstab 1:20 / Roof, detailed section, scale 1:20

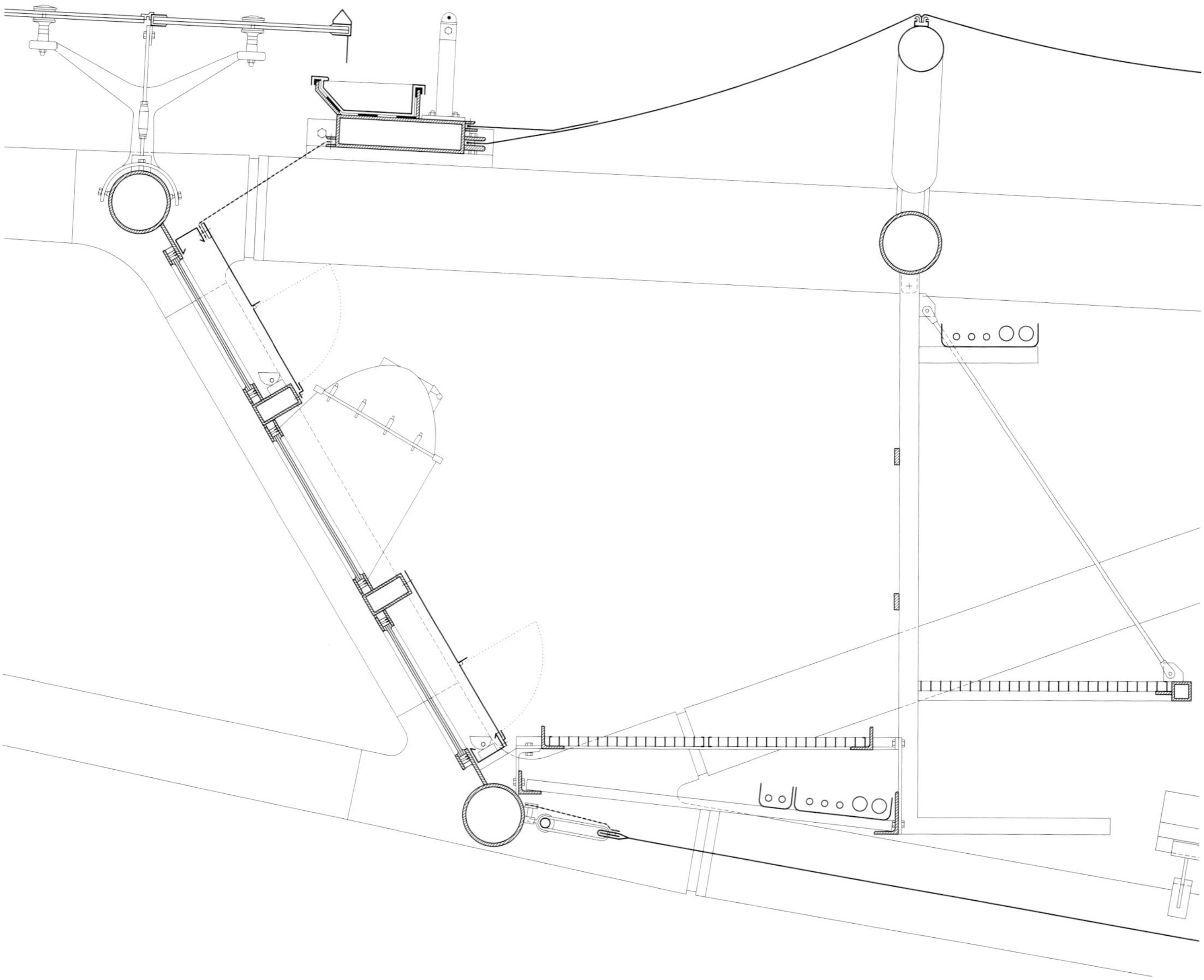

WARSTEINER
IBC-Haus.de
ARCOR
Bewag

Juli 2006: Das Sommermärchen, die Fußballweltmeisterschaft in Deutschland, geht mit dem Finale zwischen Frankreich und Italien im Berliner Olympiastadion zu Ende. Fernsehbilder gehen um die Welt, die eine ausgelassene, entspannte Atmosphäre vermitteln, und auch die Sportstätte selbst wirkt eher heiter als monumental. Sie wird im Wesentlichen von ihrem ausgesprochen filigranen Dach geprägt, das bei Nacht wie ein leuchtender Kranz über den Tribünen zu schweben scheint. Kaum zu glauben, dass es sich dabei um denselben Austragungsort handelt, der genau 70 Jahre zuvor schon einmal im Fokus der Weltöffentlichkeit stand. Damals, 1936, hatten die Nationalsozialisten an dieser Stelle in steinern schwerer Kulisse ihr gigantisches Propagandaspektakel anlässlich der XI. Olympischen Sommerspiele inszeniert. Das Olympiastadion, das auf einen Vorgängerbau von 1913 zurückgeht, bildete damals den Kern des ehemaligen Reichssportfelds, das neben seiner sportlichen Funktion vor allem der politischen Stimmungsmache diente.

Die Aufgabe, den geschichtlich beladenen Koloss unter Berücksichtigung der denkmalpflegerischen Anforderungen in eine moderne multifunktionale Wettkampfarena zuverwandeln, ist folglich brisant. Doch den Architekten gelingt das Kunststück, dem Monument mit einem neuen Dach viel von seiner ursprünglichen Schwere zu nehmen, ohne es jedoch zu dominieren. Die ausgesprochen leicht wirkende Konstruktion setzt sich deutlich vom Bestand ab und prägt den Innenraum entscheidend. Dabei schimmert die klar strukturierte und sehr filigrane Stahlkonstruktion zwischen den beiden Membranen durch und bleibt somit überall erkennbar. Die Tatsache, dass der innere Ring mit transparentem Glas gedeckt ist, lässt das Dach noch aufgelöster erscheinen.

Mit dem gelungenen Umbau des Berliner Olympiastadions, dem ein gewonnener Ideenwettbewerb vorausgegangen war, beginnt für gmp eine beispiellose Karriere als Stadienbauer, auch auf internationaler Ebene. Denn seither wird beinahe jede Fußballwelt- oder -europameisterschaft auch zu einem architektonischen Schaulaufen ihres Büros: Mit drei Arenen – in Kapstadt, Durban und Johannesburg – sind die Hamburger Architekten bei der WM 2010 in Südafrika vertreten, zur EM in Polen und der Ukraine 2012 steuern sie die Wettkampfstätten in Warschau und Kiew bei, für die Weltmeisterschaft 2014 in Brasilien folgen Brasilia und Manaus. Und nicht zuletzt in Asien – besonders in China – realisieren gmp, die auch mit anderen Großbauten vom Flughafen bis zum Opernhaus international das Bild vieler Städte prägen, zahlreiche große Sportkomplexe. Zu den wesentlichen Prinzipien des Büros zählen Funktionalität, Einfachheit und strukturelle Ordnung – Werte also, die ganz besonders beim Entwurf eines Stadions zum Tragen kommen.

Und trotzdem gleichen sich die einzelnen Arenen nicht. Unter Berücksichtigung von Ort und spezifischen Anforderungen gelingt es den Architekten, jeder ihrer Sportstätten ein eigenes, unverwechselbares Gesicht zu verleihen. Das gilt auch für die jüngste große Herausforderung: dem altehrwürdigen Bernabéu Stadion in Madrid, der Heimstätte der „Königlichen" (Real Madrid), eine neue, futuristisch anmutende Gestalt zu verleihen.

July 2006: The summer fairy tale that is the Football World Cup in Germany is concluded with the final between France and Italy in the Olympic stadium in Berlin. The television images, seen across the world, convey a playful, relaxed atmosphere, and the sports venue itself also seems more cheerful than monumental, primarily characterised by its distinctly delicate roof, which at night seems to float above the stand like a luminous wreath. One can hardly believe that this is the same venue which exactly 70 years earlier had once before been the focus of the world public: In 1936, the National Socialists had orchestrated their gigantic propaganda spectacle on the occasion of the XI Summer Olympics in front of a weighty stone backdrop in the same location. At the time, the Olympic stadium, which goes back to a preceding building from 1913, formed the core of the former Reichssportfeld ("Reich sports field"), and alongside its athletic function served for cheap political propaganda in particular.

The task of converting the historically burdened stone colossus into a modern multifunctional sports arena, while now also taking into consideration the requirements of heritage conservation, was therefore not without a certain poignancy. The architects, in the meanwhile, succeeded in the feat of removing much of the monument's original gravity with their new roof, without, however, dominating it. Appearing distinctly lightweight, the roof markedly stands out from the building stock, and decisively shapes the interior. It consists of a clearly structured and highly delicate steel construction that shimmers through between the two membranes, thus remaining recognisable throughout. The fact that the inner ring is covered with clear glass gives it an even more dissolved appearance.

By winning the relevant ideas competition and successfully converting the Olympic stadium in Berlin, gmp start off on an unprecedented career as stadium builders. Soon they are, also internationally, the leading architects in this discipline, as almost every World or European Football Championship has ever since also become an architectural presentation of their practice: On the occasion of the 2010 World Cup in South Africa, the architects from Hamburg were represented by three stadiums – in Cape Town, Durban, and Johannesburg; for the 2012 European championship in Poland and Ukraine, their contribution encompasses competition venues in Warsaw and Kiev; and for the 2014 World Cup in Brazil, stadiums in Brasilia and Manaus follow. Not least in Asia, and in China in particular, the architects von Gerkan, Marg und Partner, whose large-scale constructions ranging from airports to opera houses have shaped the face of many cities on an international scale, have realised numerous large sports complexes. The architectural firm's core principles include functionality, simplicity, and structural order, i.e. values which are especially relevant for the design of a stadium.

And yet, none of their stadiums resemble each other. Taking into consideration the respective location and specific requirements, the architects succeed in giving each of their sports venues a unique and distinctive face. This also applies to the most recent major challenge in this field: Currently, Volkwin Marg and his team are engaged in giving a new, distinctly futuristic shape to the venerable Bernabéu Stadium in Madrid, the home of Real Madrid.

Olympiastadion Berlin, Schnitt durch Ehrentribüne und Dach, Maßstab 1:750 / Olympic Stadium Berlin, VIP stand and roof cross-section, scale 1:750

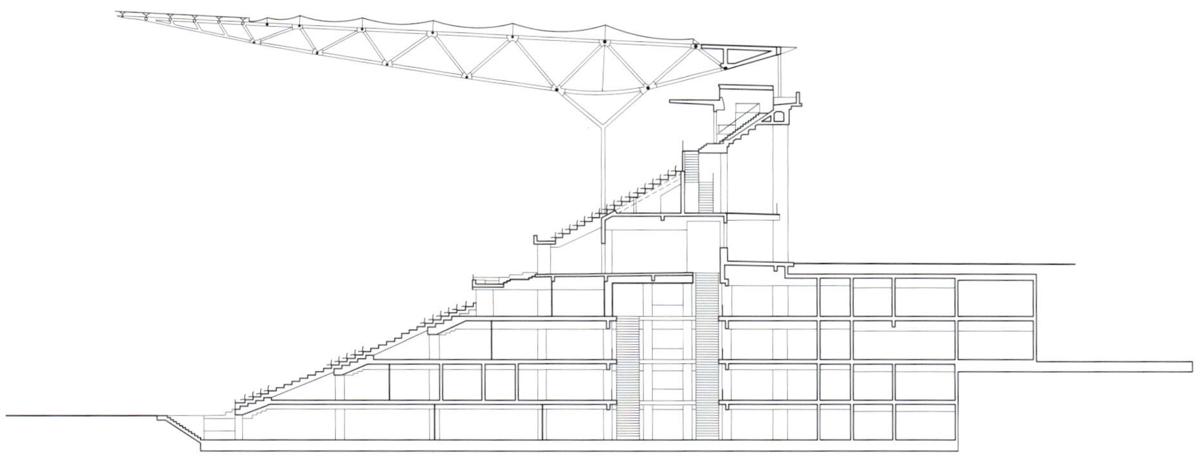

Das zweischalige Membrandach während der Montage / The double-layer membrane roof during assembly

Nationalstadion Warschau / National stadium Warsaw

Olympiastadion Kiew / Olympic stadium Kiev

„Die heute oft gehörte Meinung, dass ein Architekt frei von Bindungen sein muss, wenn er kreativ sein möchte, ist falsch. Richtig ist vielmehr genau das Gegenteil: Ein Architekt, der auf enge Vorgaben reagieren muss, hat viel mehr Möglichkeiten, kreativ zu sein. Wer keine Bindungen hat, verliert sich schnell in seinen Freiheiten.

Es ist allerdings nicht wahr, dass ich nur an Technologie, Konstruktion und Details interessiert bin. Mich fasziniert genauso stark die Geschichte der Stadt. [...] Ich habe zwei große Lieben: Die eine gehört der Stadt, – der alten Stadt –, denn diese ist ein phantastisches Modell des Lebens. Die andere Liebe gehört der Konstruktion. Man muss aber beide zusammen sehen.“

Renzo Piano im Interview in DETAIL 3/1996

"The often-stated opinion today that an architect must be free of ties if he wishes to be creative is simply not true. An architect who has to react to tight constraints has a far greater opportunity to be creative. A person without any ties very quickly loses himself in his freedom.

However, it is not true that I am interested only in technology, construction and details. I am equally interested in urban history. [...] I have two great loves in my life: One is the city, the historical city; for it is a fantastic model of life. My other love is construction. But one has to see the two in conjunction with each other."

From an Interview with Renzo Piano in DETAIL 3/1996

The New York Times Building in New York

The New York Times Building in New York

Renzo Piano Building Workshop, Paris
FXFowle Architects, New York

Die Kontur des Hochhauses ist in einzelne Scheiben aufgelöst. / The high-rise's outline dissolves into individual slabs.

Schnitt, Grundrisse: Regelgeschosse New York Times und Mieter, Maßstab 1:1500 / Cross section, floor plans: standard floors New York Times and tenants, scale 1:1,500

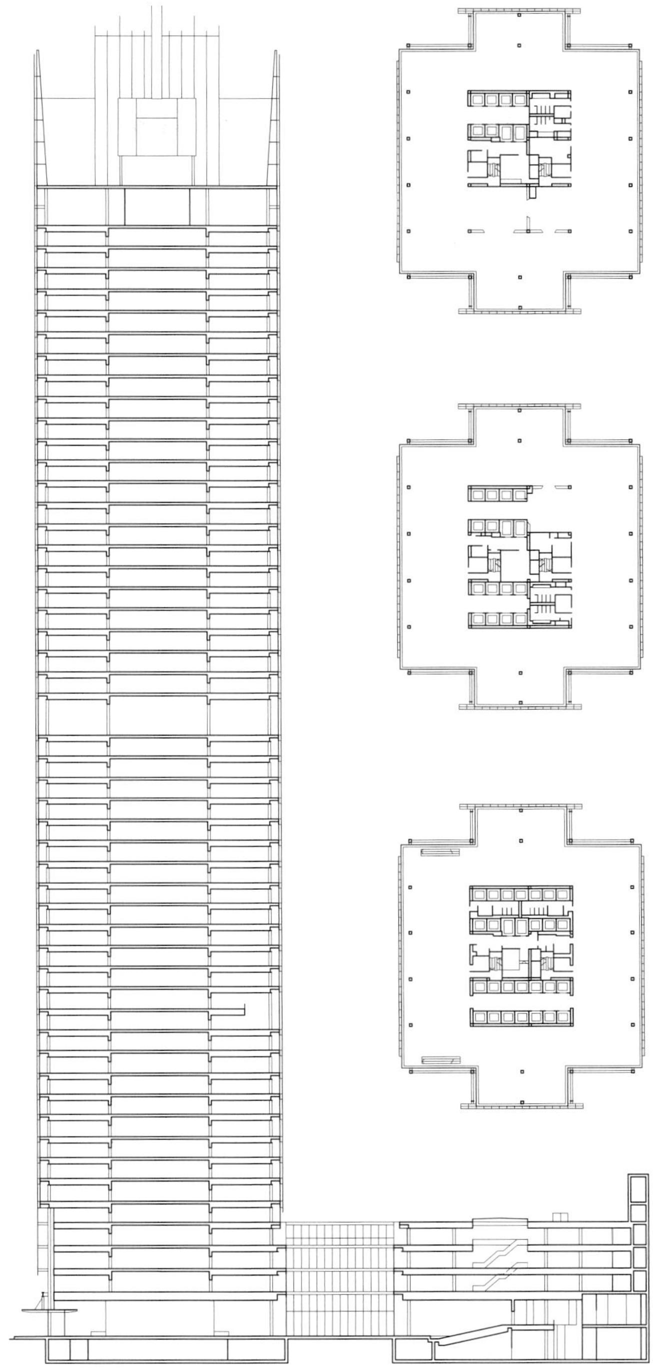

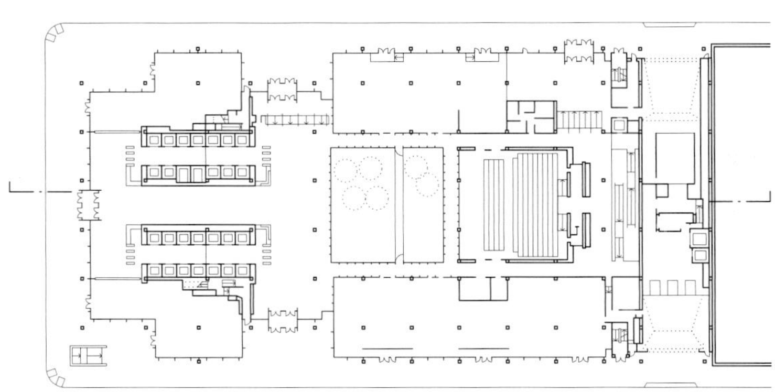

Hochhäuser sollen üblicherweise Geld und Macht symbolisieren. Mit aufgeregten Formen und immer größeren Höhen versuchen sie ihre Nachbarn auszustechen in der Silhouette ihrer Stadt. Das New York Times Building von Renzo Piano indes verweigert sich diesem Klischee. Von Form und Ausmaß her eher bescheiden, überzeugt es durch eine technisch ausgeklügelte und nach den Kriterien der Energieeffizienz optimierte Fassade sowie eine offene Gestaltung.

Das ist durchaus erstaunlich, wenn man sich vor Augen führt, dass sein Architekt Renzo Piano Ende der 1970er-Jahre die internationale Bühne mit einem wahren Paukenschlag betritt. Denn das zusammen mit Richard Rogers entworfene Centre Pompidou schlägt damals wie ein Blitz in die historisch gewachsene Nachbarschaft im Pariser Beaubourg ein. Mit seinen in knalligen Farben zur Schau gestellten Installationsrohren an der Fassade und der offenen Stahlstruktur ist es ein wahrer Hightech-Klassiker, der bis heute nichts von seiner Faszination verloren hat. Auch wenn bei Renzo Piano die Architektursprache längst dezenter wurde, so sind ihm die Faszination für technische Fragestellungen und die Freude am Experiment geblieben. Bis heute präsentiert er jedem Besucher in seinem eindrucksvoll über dem Meer gelegenen Büro in Genua sichtlich begeistert seine umfangreiche Sammlung an Mock-ups und Modellen von Tragwerksknoten oder Fassadendetails. Kein Zweifel: Renzo Piano ist der Konstrukteur unter den großen Architekten, das Austüfteln technischer Lösungen genießt bei ihm hohen Stellenwert. Nicht selten geschieht das im Team mit herausragenden Tragwerksingenieuren, früher oft in enger Zusammenarbeit mit dem viel zu früh verstorbenen Peter Rice.
Mit diesem entwickelt er auch das markante Dach mit seinen lichtlenkenden Stahlbetonlamellen für die 1987 eröffneten Menil Collection in Houston. Es ist der Startpunkt seiner beispiellosen Karriere als Museumsplaner, in deren Folge Kunsthäuser wie die Fondation Beyeler in Riehen bei Basel, das Zentrum Paul Klee in Bern, die Erweiterung von Louis Kahns Kimbell Art Museum oder das Whitney in New York entstehen. Bauten, die ihn aktuell zu dem wohl renommiertesten Architekten für Kunstmuseen machen. Das trifft vor allem dann zu, wenn es nicht darum geht, wie etwa bei Frank Gehrys berühmtem Guggenheim Museum in Bilbao mit spektakulären Formen Aufmerksamkeit zu erregen, sondern eher

High-rise buildings are usually meant to symbolise money and power. Using agitated forms and ever greater heights, they try to outdo their neighbours in the silhouette of their city. The New York Times Building by Renzo Piano, however, refuses to apply this stereotype. With its rather modest form and dimensions, it impresses on account of its technically sophisticated facade optimised in accordance with energy-efficiency criteria, as well as its open design.

This is by all means astonishing, if one recalls that its architect, Renzo Piano, had in the late 1970s entered the international stage with a veritable bang: The Centre Pompidou, co-designed with Richard Rogers, had at the time struck the historically grown neighbourhood in the Beaubourg area of Paris like lightning. With its prominently displayed, gaudily coloured installation pipes on its facade and open steel structure, it is a true high-tech classic, which has lost nothing of its fascinationto this day. Even as Renzo Piano's architectural language has long since become subtler, a fascination for technical issues and the joy of experimentation has remained with him. Till today, he delights in showing every visitor to his practice in Genoa, which impressively overlooks the sea, his comprehensive collection of mock-ups and models of structural nodes and facade details. Undoubtedly, Renzo Piano is the design engineer among the great architects; working out technical solutions plays an essential role for him. Frequently, this takes place in a team with outstanding structural engineers, as previously in the case of the close cooperation with Peter Rice who passed away too soon. In collaboration with him, Renzo Piano had also developed the distinctive roof in the Menil Collection in Houston, opened in 1987, with its light-directing, reinforced concrete lamellae. This represents the starting point for his unprecedented career as a museum planner, subsequently resulting in houses of art such as the Fondation Beyeler in Riehen near Basel, the Paul Klee Museum in Bern, the extension of Louis Kahn's Kimbell Art Museum, or the Whitney Museum of American Art in New York – buildings which currently probably make him the most renowned architect of art museums; not however, when it comes to spectacular forms such as in the famous Guggenheim Museum in Bilbao by Frank Gehry, but rather to restrained yet

darum, zurückhaltende aber gut geschnittene funktionale Räume zu schaffen, die sich nicht zuletzt durch ihre ausgeklügelte Belichtungssituation auszeichnen.

Licht spielt auch beim New York Times Building eine entscheidende Rolle. Dem Renzo Piano Building Workshop gelingt ein sehr leichtes und transparentes Hochhaus, das die Planer optisch in Gebäudescheiben auflösen. Die 6,50 Meter hohe Lobby umhüllen sie vollflächig mit Glas. Mit ihrer Transparenz und der öffentlichen Zugänglichkeit wird diese zur belebten Plaza. Und das in einer Stadt, in der sich alles Private normalerweise streng abgrenzt, erst recht nach den Ereignissen vom 11. September 2001 und den daraufhin deutlich gestiegenen Sicherheitsanforderungen.

Die größte Besonderheit des New York Times Building jedoch ist seine Außenhaut. Die Architekten, denen auch hier die Materialität sehr wichtig ist, entwickeln einen Screen aus Keramikrohren, der wie ein Schleier vor den Fassaden liegt und diesen räumliche Tiefe verleiht. Vor allem aber streuen die weiß glasierten und trotzdem haptisch rauen Lamellen das Licht für den Innenraum, während sie von außen gesehen die Farben des Himmels und der umgebenden Stadt reflektieren. So schafft Renzo Piano ein für die heutige Zeit vollkommen untypisches Hochhaus. Mit seinen edlen Details und der feinen Textur setzt es sich von der in den vergangenen Jahrzehnten in New York üblichen Investorenarchitektur positiv ab. Dafür aber knüpft es direkt an die großen Klassiker der Moderne in Manhattan an, wie etwa das Lever House von SOM oder Mies van der Rohes Seagram Building.

Nur wenige Jahre später kann Renzo Piano 2012 mit „The Shard" in London ein weiteres Hochhaus fertigstellen. Obwohl in Europa angesiedelt, wirkt dieses weit mehr amerikanisch oder genauer gesagt asiatisch als das doch sehr europäische anmutende Gebäude für die New York Times. Vielleicht liegt das daran, dass der Investor diesmal aus dem Nahen Osten stammt? Ganz bestimmt aber resultiert dieser Anschein aus der beeindruckenden Höhe von 312 Metern und der verlangten markanten Form, die auf der städtebaulich bislang vernachlässigten Londoner South Bank ein weithin sichtbares Zeichen setzt. Auch hier zeigt Renzo Piano, dass er einen komplett gläsernen Wolkenkratzer mit wohl überlegten und filigranen Details etwas edler gestalten kann als weithin üblich.

well-cut functional spaces that are not least characterised by their sophisticated lighting situation.

Light also plays a decisive role in the New York Times Building. The Renzo Piano Building Workshop succeeded in creating a very light, transparent tower which the planners visually dissolved into building discs, fully cladding the 6.50-metre-high lobby with glass. Its transparency and public accessibility ensured that it became a lively plaza, that too in a city where all things private are normally strictly delimited, especially since the events of 9/11 and the subsequently heightened safety requirements.

The most outstanding feature of the New York Times Building is, however, its outer skin. The architects, for whom the facade's materiality formed a highly important element in the design, developed a screen from ceramic pipes, which stands in front of the facades like a veil, giving them spatial depth. Above all, however, the glazed white and yet tangibly coarse lamellae spread daylight into the building. Seen from the outside, they reflect the moods of the interior spaces as well as the colours of the sky and the surrounding city.

In doing so, Renzo Piano created a high-rise building that is completely atypical in the present day. With its exquisite details and fine texture, it contrasts with the usual investors' architecture over the past decades in New York in a positive manner, while it directly connects with the great classics of modernism in Manhattan, such as the Lever House by SOM, or Mies van der Rohe's Seagram Building.

Only a few years later, in 2012, Renzo Piano was able to complete another high-rise building, The Shard in London. Though situated in Europe, it appears far more American, or Asian, for that matter, than the very European-seeming building for the New York Times, perhaps a result of the fact that this time the investor is from the Middle East? Most certainly, the tower's impressive height of 312 metres and the demand for a distinctive form corroborate this architectural impression, sending a widely visible signal in London's hitherto neglected South Bank. Here too, Renzo Piano demonstrated that he is able to design a fully glazed skyscraper in a more refined manner than is commonly the case in architecture, including well thought-out and intricate details.

Die große Wendeltreppe bildet das Zentrum des Raums. / The large spiral staircase forms the centre of the space.

Ørestad Gymnasium in Kopenhagen
Ørestad Secondary School in Copenhagen
3XN, Kopenhagen / Copenhagen

Das Ørestad-Gymnasium im Süden von Kopenhagen gehört zweifellos zu den am meisten beachteten Schulbauten weltweit, und das vollkommen zu Recht. Denn auch gut zehn Jahre nach seiner Eröffnung 2007 sind sowohl das darin vertretene Lernkonzept als auch die räumliche Organisation noch immer wegweisend, wobei das eine natürlich das andere bedingt. Offenheit, größtmögliche Transparenz, Flexibilität und Eigenverantwortung hatte die damals gerade erlassene dänische Gymnasialreform verlangt, und den Architekten 3XN gelingt es beispielhaft, diese Vorgaben in einem einzigartigen Gebäude umzusetzen: Ein Schulhaus, das im Wesentlichen aus nur einem großen, lichtdurchfluteten und in alle Richtungen fließenden Raum besteht, der ganz besonders von einer eindrucksvollen Treppenskulptur geprägt wird. Ausgehend von der zentralen Wendeltreppe winden sich die einzelnen bumerangförmigen Ebenen geschossweise nach oben, Erschließungs- und Nutzflächen verschmelzen zu einem lebendigen kommunikativen Raum, der vom Untergeschoss bis ins vierte Obergeschoss reicht. Die so entstehende räumliche Vielfalt überwältigt den Besucher und führt zu zahlreichen Blickbeziehungen, die gleichzeitig auch den interdisziplinären Ansatz unterstreichen, da jede Ebene einem speziellen Wissensgebiet zugeordnet ist.

Ausgelegt ist das Ørestad-Gymnasium für Schüler im Alter von 16 bis 19 Jahren, die hier selbstbestimmt, in vollkommener Abkehr vom sonst üblichen Frontalunterricht lernen sollen. Es gibt keine Aufteilung in Jahrgangsstufen mehr und damit auch keine Klassenräume, ja nicht einmal Lehrerzimmer. Pro Geschoss finden sich nur wenige abgeschlossene Gruppenräume, beispielsweise für Fachklassen. Stattdessen gibt es Lerninseln in unterschiedlichster Ausprägung, in die sich die Schüler zum individuellen Lernen oder in kleineren oder größeren Gruppen mit oder ohne Lehrer vollkommen flexibel zusammenfinden können. Das Lernkonzept der Schule ist fast ausschließlich digital, Hefte und Schreibstifte sieht man hier nicht mehr, dafür aber überall Laptops, auf denen sich die Jugendlichen möglichst selbstbestimmt ihre Lehrvideos anschauen.

Und noch etwas überrascht: Die so großzügig erscheinende Anordnung stellt sich sogar als platzsparend heraus, der Flächenbedarf pro Lernendem ist geringer als bei herkömmlichen Konzepten. Ursprünglich für 800 Schüler geplant, besuchen das Gymnasium heute 1200 Jugendlichen. Und trotzdem muss es jedes Jahr etwa 100 Bewerber abweisen, denn es gehört längst zu den beliebtesten Schulen in Dänemark.

Ausgehend von ihrem Erfolg in Ørestad setzen die Architekten von 3XN später auch bei anderen Typologien auf ähnlich markante Treppenskulpturen, wie etwa in der Hauptverwaltung der Saxo-Bank in Hellerup (2008), im Rathaus von Nieuwegein (2011) oder dem UN-Verwaltungsgebäude in Kopenhagen (2013) – als Blickfang, vor allem aber auch als Ort der Begegnung und der Kommunikation. Die Treppe, während der Hightech-Ära im ausgehenden 20. Jahrhundert vorwiegend in konstruktiver Hinsicht regelrecht inszeniert, in der Nachfolgezeit aber eher von untergeordneter Bedeutung, kehrt nun eindrucksvoll als tonangebendes gestalterisches Element in die Architektur zurück.

The Ørestad Secondary School in southern Copenhagen is undoubtedly one of the most noted school buildings globally – and most rightly so. Even today, more than ten years after its opening (2007), both its educational concept and spatial organisation still lead the way, with both aspects mutually determining themselves. The Danish secondary school reform, then newly enacted, demanded openness, maximum transparency, flexibility, and accountability. The architects 3XN exemplarily succeeded in implementing these guidelines in a unique building: a schoolhouse essentially consisting of a single, large, luminous space flowing in all directions and strikingly characterised by an impressive staircase sculpture. Emanating from the central spiral staircase, individual boomerang-shaped levels ascend floor-wise, as the circulation areas and usable floor areas merge into a lively, communicative space extending from the basement to the fourth floor. The resulting spatial diversity overwhelms the visitor, leading to multiple visual links which simultaneously underline the extant interdisciplinary approach as each level is dedicated to a specific field of knowledge.

The Ørestad Secondary School is designed for students between the ages of 16 and 19, who engage in learning in a self-determined manner, while completely dispensing with conventional teacher-centred learning. There are no divisions into age-group levels anymore, hence no classrooms, and not even teachers' rooms. On each floor, there are only a few enclosed group rooms for specialist classes. Instead, highly varied learning islands allow students to assemble for individual learning or in smaller or larger groups with or without a teacher in a completely flexible manner. The school's educational concept is almost entirely digitalised. Exercise books and pens are absent. Instead, there are laptops everywhere which the students use to view their tutorial videos as self-reliantly as possible.

There's another surprise: The apparently expansive spatial arrangement even turns out to be a space saver as the area requirement per learner is less than in conventional concepts. Originally planned for 800 students, the secondary school is attended by 1,200 adolescents today. Even so, the school has to turn down about 100 applicants every year, as it has long since become one of the most popular schools in Denmark.

Based on their success in Ørestad, the architects at 3XN later counted on similarly distinctive staircase sculptures in other building typologies too, such as in Saxo Bank's administrative headquarters in Hellerup (2008), the town hall of Nieuwegein (2011), or the UN administration building in Copenhagen (2013) – both as an eye-catcher and a meeting and communication space in particular. The element of the staircase, which during the high-tech era at the end of the 20th century had found itself veritably foregrounded particularly in constructional terms, while playing a rather minor role in the following period, now impressively returns as a leading design element in architecture.

Grundrisse EG, 1. OG, 2. OG, 4. OG (im Uhrzeigersinn), Maßstab 1:750 / Floor plans: ground floor, first floor, second floor, fourth floor (clockwise), scale 1:750

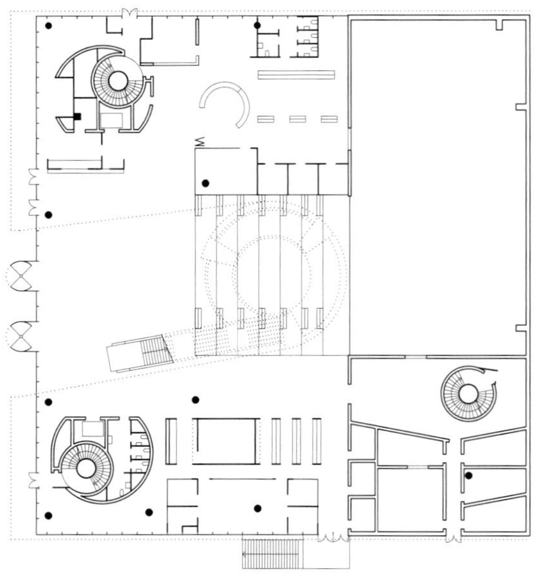

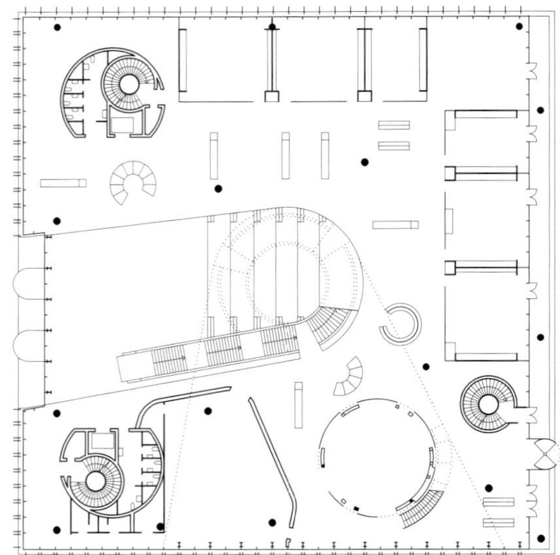

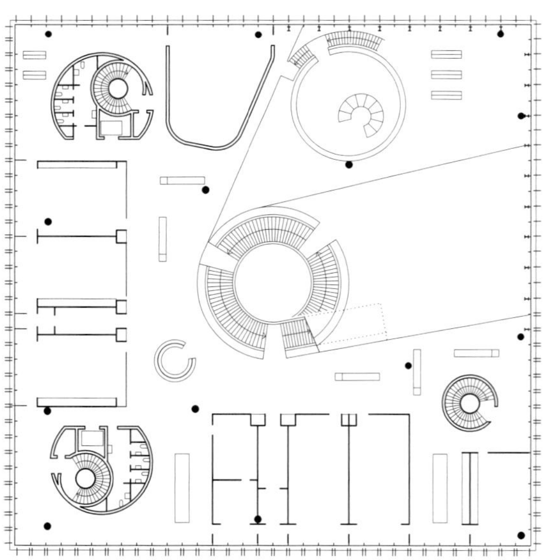

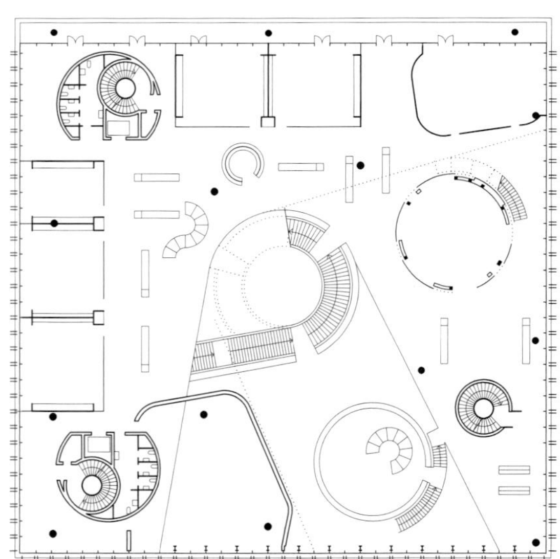

„Das Museum Kolumba ist ein Gebäude, das gewissermaßen aus den Trümmern einer im Krieg zerstörten gotischen Kirche wächst. Der Ziegel ist ein typisches Baumaterial des Ortes, deshalb stand er für mich von Beginn an relativ schnell fest. Auch nach dem Krieg haben sie in Köln die Ruinen mit Backstein geflickt, außerdem gibt es die rheinische Tradition, mit Backsteinen auf vornehme Art zu bauen, denken Sie an Rudolf Schwarz.**

Bei meiner Architektur geht es mir sehr stark darum, bestimmte Atmosphären zu erzeugen. Es freut mich, wenn meine Gebäude gute Gefühle bei den Leuten auslösen.“

Peter Zumthor in einem Gespräch mit dem Autor im September 2007

"The Kolumba Museum is a building that, in a sense, grew out of the ruins of a Gothic church destroyed in the war. Brick is a typical local building material, so I decided to use it very early on. After the war, they would patch the bombed buildings in Cologne with brick and there is also the Rhenish tradition of using brick in an elegant way, just think of Rudolf Schwarz.

In my architecture, I am very much concerned with creating certain atmospheres. I'm happy when my buildings arouse good feelings in people."

From a conversation between Peter Zumthor and the author in September 2007

Kunstmuseum Kolumba in Köln
Kolumba Museum in Cologne
Peter Zumthor, Haldenstein

Ausstellungsbereich mit Lehm verputzten Wänden / Exhibition area with clay-plastered walls

Ein zickzackförmiger Steg führt über die römischen Ausgrabungen. / A zigzagging jetty leads across the Roman excavations.

Außenmauern im Hof aus Backstein und Stampflehm / Exterior walls of brick and rammed clay in the courtyard

Hof mit Resten der gotischen Kirche / Courtyard with remains of Gothic church

Peter Zumthor wollte in Köln nach eigener Aussage kein Museum errichten, das als „Teil einer Marketingstrategie“ mit schrillen Formen nach Aufmerksamkeit schreit, vielmehr schwebte ihm „das genaue Gegenteil des Bilbao-Effekts“ vor: Ein unaufgeregtes Gebäude als angemessene Hülle für die großartige Kunstsammlung, mit spannungsvollen Raumfolgen und allem voran einer gebührenden Auseinandersetzung mit dem historischen Ort. Einem Ort, wie er geschichtsträchtiger kaum sein kann mit seinen Zeugnissen einer 2000-jährigen Baugeschichte, die von der Römerzeit bis zur Nachkriegsmoderne reicht.

Von St. Kolumba, der ursprünglich romanischen, in der Spätgotik erweiterten Pfarrkirche, blieb nach den Bombenangriffen von 1945 nur eine Ruine. In dieser errichtete Gottfried Böhm 1950 für die wie durch ein Wunder unversehrt gebliebene Marienstatue die Kapelle „Madonna in den Trümmern“. Direkt angrenzend brachten spätere Ausgrabungen Überreste von römischen Wohnhäusern und Bauten späterer Epochen ans Licht. Selbstbewusst, gleichzeitig aber auch sehr sensibel, nähert sich Peter Zumthor diesem Bestand: Mit dem Grundriss nimmt er exakt die Begrenzungslinien der alten Kirchenanlage auf und schließt fugenlos mit einem ockerfarbenen Mauerwerk aus schmalformatigen, handgestrichenen Ziegeln an die vorhandenen Mauerreste an. Sein größter zwölf Meter hoher Raum, dessen Außenwände teilweise als licht- und luftdurchlässiges Filtermauerwerk ausgebildet sind, birgt die archäologischen Ausgrabungen, die Ruine des Gotteshauses sowie die in ihrer Funktion selbstständige Böhm-Kapelle, die nun kein direktes Tageslicht mehr durch ihre bunten Glasfenster erhält. Über einen etwas befremdlich anmutenden Steg aus rötlichem Tropenholz wird der Besucher über das Ausgrabungsfeld geführt, aus dem makellos weiße, sehr schlanke Betonstützen aufragen.

Das Museum selbst besticht durch großartige Raumfolgen mit stets wechselnden Proportionen und Lichtsituationen sowie durch sorgfältig ausgearbeitete Details und edle Oberflächen. Dominierend darunter der warmtonige Lehmputz, der auch klimaregulierende Funktionen übernimmt. Vor allem aber strahlt er eine schlichte, durchaus sinnliche Materialität aus, die die in stets wechselnder Hängung gezeigten Kunstschätze aus zwei Jahrtausenden – sie reichen von frühchristlichen Meisterwerken bis zu Arbeiten von Andy Warhol oder Richard Serra – besonders wirkungsvoll zur Geltung kommen lässt.

Mit Kolumba schafft Peter Zumthor, dessen Entwurf auf den bereits 1997 gewonnen Wettbewerb zurückgeht,

According to Peter Zumthor, his intention was not to build a museum which would scream for attention with garish shapes, “as part of a marketing strategy”. Rather, what he had in mind was “the exact opposite of the Bilbao effect”: An unagitated building as an appropriate shell to house the splendid art collection, including exciting spatial sequences, and above all, a due discourse on the historical place, which could hardly be more strongly steeped in history, with its references to a 2000-year-old building history, ranging from the Roman period to post-war modernism.

The St Columba church, originally a Romanesque parish church which had been extended in the late Gothic period, remained only a ruin following the bombing raids of 1945. For the miraculously undamaged statue of the Virgin Mary, Gottfried Böhm constructed the chapel nicknamed “Madonna of the Ruins” at the site in 1950. Directly adjacent to it, later excavations unearthed remains of Roman dwellings and buildings of later periods. Peter Zumthor approached this building stock in a confident and simultaneously highly sensitive manner: His floor plan takes up precisely the borderlines of the old church complex, and connects seamlessly with the existing wall remains, using ochre-coloured brickwork consisting of slim hand-painted bricks. His largest space, 12 metres high, and whose external walls partly comprise filtering brickwork permeable to light and air, houses the archaeological excavations, including the ruin of the church, as well as the functionally autonomous chapel by Böhm, which now doesn’t anymore receive direct daylight through its stained-glass windows. A slightly outlandish footbridge made of reddish tropical wood leads visitors over the excavation site, out of which impeccably white and very slender concrete columns rise up.

The museum itself, however, fascinates on account of its grand spatial sequences with continuously alternating proportions and light situations, as well as its carefully worked out details, and fine surfaces that run over the prominent warm-toned clay plaster which also fulfils climate-regulating functions. Above all, however, it exudes a modest yet by all means sensual materiality, which allows the continuously differently hung art treasures from two millennia – ranging from early Christian masterpieces to works by Andy Warhol or Richard Serra – to come into their own in a particularly efficacious manner.

By building the Kolumba Museum, whose design goes back to a competition he won already in 1997, Peter Zumthor

ein stilles Museum, das zum Verweilen, Betrachten und Nachdenken einlädt. So setzt es einen wirkungsvollen Kontrapunkt zu den heute üblichen laut gestikulierenden Ausstellungshäusern und gehört damit zweifellos zu den interessantesten Museumsbauten der jüngeren Zeit. Mit seiner kontemplativen Atmosphäre knüpft es direkt an das zehn Jahre ältere Kunsthaus in Bregenz an, Zumthors noch heute beeindruckendes Manifest des Minimalismus. In beiden Fällen demonstriert der Graubündner Baumeister seinen souveränen Umgang mit dem Material. Am Bodensee ist es der massive glatte Beton, den er in spannungsvollen Kontrast zu der geschuppten Haut aus mattierten Glastafeln stellt. In Köln schafft der Architekt eine gleichermaßen kraftvolle Ausstrahlung mit Lehmputz und rauem Klinkermauerwerk, das vor allem bei Sonnenlicht eine ungemeine Tiefe zeigt. Doch in einem Punkt unterscheiden sich die beiden Häuser: Trotz hervorragender Aussichtsmöglichkeiten auf den See, schottet Zumthor in Bregenz die Innenräume komplett von der Außenwelt ab, um den meditativen Charakter nicht zu stören. Das Kolumba Museum aber öffnet er an verschiedenen Stellen durch großflächige, fugenlos in der Wand sitzende Fenster zur Stadt.

Kunsthaus Bregenz, Innenraum / Kunsthaus Bregenz, interior

created a quiet museum, inviting visitors to linger, contemplate, and consider. As such, it marks an effective counterpoint to the wildly gesticulating exhibition centres common today, and thus undoubtedly is one of the most interesting museum buildings of recent times. With its contemplative atmosphere, it directly ties in with the ten-year-older Kunsthaus in Bregenz, which still to the present day represents Zumthor's impressive manifesto of minimalism. In both cases, the architect from Grisons demonstrated his masterful handling of material: At the banks of Lake Constance, it is the massive smooth concrete, which he placed in suspenseful contrast to the scaled skin of matted glass panels; in Cologne, the architect created a particularly strong presence using clay plaster and coarse clinker brickwork that displays tremendous depth, especially in daylight. In one point, however, the two buildings differ: In spite of potentially excellent views of the lake at Bregenz, Zumthor completely sealed off the interior spaces from the outside world in order not to disturb the meditative character, whereas his Kolumba Museum uses large-scale windows, flush with the walls, at various points to open up the building towards the city.

„Ich will, dass meine Architektur so lebendig ist wie das Leben selbst.

Beim Xiangshan Campus in Hangzhou gab es zunächst Bedenken, ob ein einzelner Architekt allein einen so großen Komplex in relativ kurzer Zeit entwerfen kann, ohne dass er monoton erscheint. Mein Ziel war es deshalb, ihn so zu gestalten, als wäre er von verschiedenen Architekten geplant.

Aus der chinesischen Tradition habe ich gelernt, dass man Architektur nicht als einen autarken Solitär in ihre Umgebung setzen sollte, wie das im Westen oft geschieht. Ein Bauwerk steht immer in Beziehung mit der umgebenden Landschaft, sogar mit den weit entfernten Bergen.“

Wang Shu in einem Gespräch mit dem Autor im Februar 2017

"I want my architecture to be as animated as life itself.

At the Xiangshan Campus in Hangzhou there were initial concerns about whether an individual architect could design such a large complex in a relatively short time without the result appearing monotonous. My goal, therefore, was to design it in such a way as if it were planned by different architects.

From the Chinese tradition, I have learned that architecture should not be placed in its surroundings as an autonomous solitaire, as is often the case in the West. A building is always related to the landscape around it, even with the mountains in the distance."

From a conversation between Wang Shu and the author in February 2017

Xiangshan Campus in Hangzhou
Xiangshan Campus in Hangzhou
Amateur Architecture Studio, Hangzhou

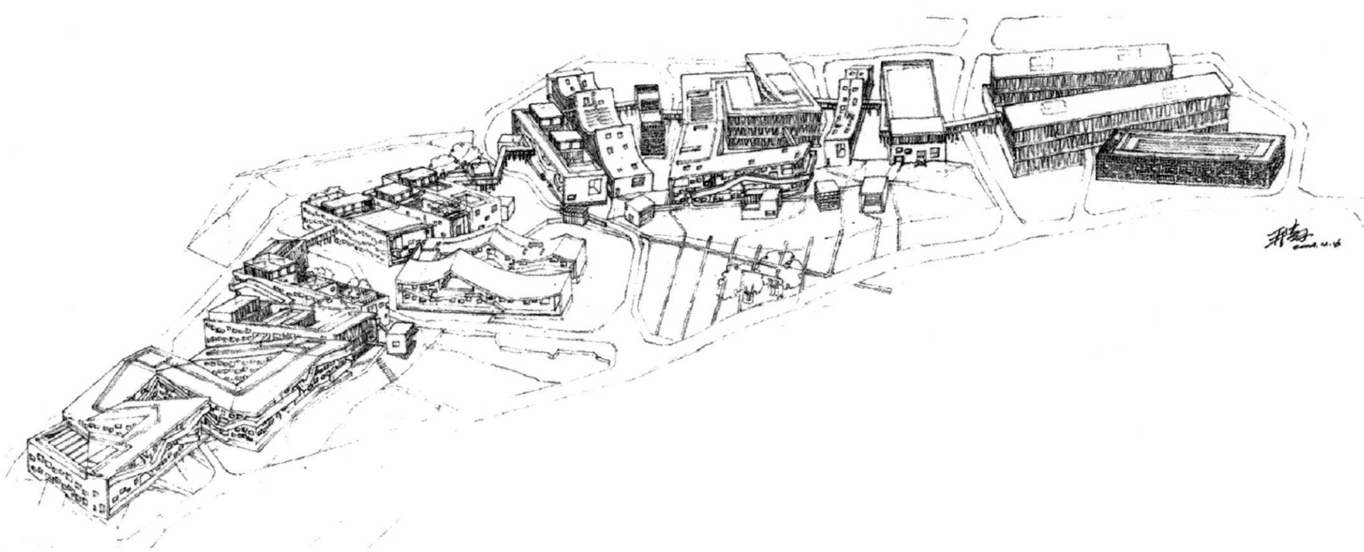

Seit den von Deng Xiaoping in den 1980er-Jahren eingeleiteten Reformen und dem damit verbundenen beispiellosen wirtschaftlichen Aufschwung schreitet die Urbanisierung Chinas mit atemberaubendem Tempo voran. Zahlreiche Städte wuchern zu bislang ungeahnten Größen. Im Jahr 2015 zählt das Land bereits 15 Metropolregionen mit jeweils mehr als 10 Millionen Menschen. Dafür werden ganze Landschaften mit unzähligen Dörfern dem Erdboden gleichgemacht oder historisch gewachsene Altstädte planiert und fast überall durch die immer gleichen gesichtslosen Hochhäuser und Mietskasernen ersetzt. Die kulturelle Identität bleibt auf der Strecke. Der Bezug zu Umland und Tradition geht verloren.

Nur wenige einheimische Architekten versuchen sich diesem Trend entgegenzustellen – zu verlockend ist die Aussicht auf das mit dem Bauboom verbundene schnelle Geld. Zu den wenigen, die offen gegen diese Entwicklung aufbegehren, gehört der in Hangzhou lebende Wang Shu. Zusammen mit seiner Frau Lu Wenyu, mit der er das gemeinsame Büro Amateur Architecture Studio betreibt, versucht er stattdessen, überlieferte Werte und lokale Bautraditionen mit einer zeitgemäßen Formensprache in Einklang zu bringen, ohne sich dabei anzubiedern. Auch wenn die Bezeichnung oftmals überstrapaziert wird: „Kritischer Regionalismus" ist der exakt passende Oberbegriff für seine Suche nach einer chinesischen Identität in der aktuellen Architektur.

Als Wang Shu im Jahr 2012 vollkommen überraschend den renommierten Pritzker-Preis erhält, der allein wegen seiner Preissumme gern auch als der Nobelpreis der Architektur bezeichnet wird, ist er international selbst in Fachkreisen vor allem nur Insidern bekannt. Doch die Jury bezieht sich bei ihrer Entscheidung auf zwei Bauwerke, die keinerlei Vergleich zu scheuen brauchen und die Souveränität und Einzigartigkeit des Architekten unterstreichen. Da ist zunächst das etwas jüngere Historische Museum in Ningbo (2009), das wie eine gewaltige Trutzburg in den Himmel ragt – bis heute der wahrscheinlich meist publizierte Bau von Amateur Architecture Studio. Des Weiteren der Xiangshan Campus der Kunstakademie im nahe gelegenen Hangzhou, an dem der Architekt selbst als Professor unterrichtet. Es ist eine gigantische Anlage aus sage und schreibe 21 Einzelbauten, die in zwei Abschnitten zwischen 2002 und 2007 entstehen. Ein Riesenkomplex aus einer Hand und doch kein bisschen eintönig, denn nur wenige Gebäude gleichen sich. Sie erscheinen in unterschiedlichen Formen, aber auch in verschiedenen Materialien. Wang Shu geht es bei diesem Projekt, das von einer chinesischen Landschaftsmalerei aus dem 11. Jahrhundert inspiriert ist, weniger darum, ein fertiges Bild zu schaffen, als vielmehr eine Szenerie, die sich mit Leben füllen kann und sich mit den Jahreszeiten ebenso ändert wie mit dem Lauf der Zeit. Die beiden Bauabschnitte befinden sich nördlich und südöstlich des namengebenden Hügels Xiangshan. Während die Häuser des ersten Abschnitts auf rein rechteckigen Grundrissen beruhen und ihre Fassaden noch strenger gegliedert sind, werden die Formen im zweiten – trotz vieler Ähnlichkeiten – insgesamt freier. Hier finden sich neben Bauten mit gewellten Dächern, die in der Gesamtkomposition die Berge symbolisieren, auch solche mit

Ever since the reforms initiated by Deng Xiaoping from the 1980s onwards, and the resulting unprecedented economic upswing, China's urbanisation has been proceeding at a breathtaking pace. Many cities are sprawling to hitherto unimagined sizes. In 2015, the country already had 15 metropolitan regions, each with more than 10 million inhabitants. As such, entire landscapes with countless villages are often razed to the ground, while historically grown old towns are levelled. These are almost everywhere replaced by monotonous and faceless high-rise buildings and tenements, with cultural identity falling by the wayside, and a loss of links with regional identities.

Few local architects attempt to counter this trend – too enticing is the prospect of making a quick buck thanks to the building boom. Among the few who openly question this development is Hangzhou-based Wang Shu. Together with his wife, Lu Wenyu, with whom he jointly runs the practice Amateur Architecture Studio, he attempts to reconcile traditional values and local building traditions with a contemporary design vocabulary without chumming up in the process. "Critical regionalism", though often overstretched as a label, is the fitting generic term for his search for a Chinese identity in contemporary architecture.

When Wang Shu was entirely unexpectedly awarded the prestigious Pritzker Prize in 2012, which is often also called the Nobel Prize of architecture, he was, even in international professional circles, known mainly to insiders; the jury's decision referred to two buildings that don't need to fear comparison with other examples of architecture, and that underline the architect's sovereignty and uniqueness. Firstly, there's the more recent Ningbo History Museum (2009), which rises into the sky like an enormous fortress and is probably the most publicised building of Amateur Architecture Studio up to the present day; then there's the Xiangshan Campus of the China Art Academy in nearby Hangzhou, where the architect himself teaches as a professor. This is a gigantic compound comprising – believe it or not – 21 individual buildings constructed in two phases between 2002 and 2007. Though it is a huge complex designed at a single source, it is not one bit monotonous since only few buildings resemble each other. They appear in various shapes but also in different materials. For Wang Shu, this project – inspired by a Chinese landscape painting from the 11th century – is not so much about creating a complete image, but rather a scenery which can fill with life, changing with the seasons as with the passage of time. The two construction sections lie north and south-east of the eponymous Xiangshan hill. While the buildings of the first phase are based on purely rectangular floor plans and have more strictly structured facades, the shapes found in the second phase are – despite many similarities – freer on the whole. Apart from buildings with corrugated roofs, symbolising mountains within the overall composition, there are buildings with meandering shapes and access corridors that dramatically run in front of the external walls. The boundary between the architecture and its surroundings is fluid – the buildings themselves become a part of the landscape.

A major design element in some of the buildings of the new Art Academy in Hangzhou are the walls and roofs made of recycled stones and roof tiles, which later became the architect's hallmark. Here, Wang Shu applied this principle for the first time on a larger scale: When the supply of new building materials for

mäandernden Formen und dramatisch vor den Außenwänden entlanglaufenden Erschließungsgängen. Die Grenze zwischen Architektur und Umgebung ist fließend, die Bauwerke werden selbst Teil der Landschaft.

Ein wesentliches gestalterisches Element einiger Bauten der neuen Kunstakademie in Hangzhou sind die Wände und Dächer aus recycelten Steinen und Dachziegeln, die später zum Markenzeichen des Architekten werden. Hier setzt Wang Shu dieses Prinzip zum ersten Mal in größerem Maßstab ein. Denn als der Nachschub an neuen Baustoffen für die Großbaustelle eines Tages zu Neige geht, schlägt sein Bauleiter vor, Abbruchmaterial, das zudem nur die Hälfte kostet, zu verwenden. Wang Shu besinnt sich darauf, dass die Verwendung recycelter Baumaterialien im ländlichen China Tradition hat, und stimmt zu.

Vielmehr noch: Er inszeniert deren Verwendung regelrecht, indem er mit unterschiedlichen Farben und Formen Muster bildet. Es sind vor allem diese rauen Materialien, die den Baukörpern ihre besondere Kraft verleihen und dabei helfen, die Alterungsspuren anderer Baustoffe zu überspielen. Denn bereits nach wenigen Jahren findet sich kaum ein Geländer oder kaum eine der Fensterzargen aus Stahl ohne deutliche Rostspuren und an den Fassaden aus Holz platzt der Lack großflächig ab.

Ihren bisherigen Höhepunkt findet der Einsatz wiederverwendeter Steine einige Jahre später im bereits erwähnten Historischen Museum in Ningbo, für dessen Außenhülle Amateur Architecture Studio großteils die Ziegel der für das Stadtentwicklungsprojekt planierten alten Dörfer verwendet. So leben in dessen Fassaden und Dächern nun mehrere Millionen davon weiter – und das im wahrsten Sinne des Wortes. Auch hier sind es vor allem die recycelten Steine, die dem Ganzen zu seinem rauen Charme und seiner lebendigen Ausstrahlung verhelfen.

Mit den beiden ersten Bauabschnitten in Hangzhou und dem Historischen Museum in Ningbo, seinem bereits 2008 vollendeten Meisterwerk, hat Wang Shu für sich selbst die Latte hoch gelegt – daran müssen sich nun alle weiteren seiner Bauten messen. Dass dieser Vergleich für manche davon nicht unbedingt von Vorteil ist, zeigt das 2013 fertiggestellte Wa Shan Guesthouse auf dem Campus der Kunstakademie in Hangzhou, das gelegentlich auch als der Beginn des dritten Bauabschnitts bezeichnet wird. Hier sprüht der Architekt nur so vor Ideen und zeigt ein wahres Schaulaufen von Materialien und Oberflächenstrukturen: recycelte und neue Ziegel, Naturstein und Stampflehm, Wandverkleidungen aus Bambus – geflochten und stabweise angeordnet sowie in unterschiedlichen Mustern auch als Abdruck im Beton, unterstrichen durch eine Fülle an manchmal manierierten Details und Formen. Das führt zwar zu einigen sehr schönen und wirkungsvollen Fotomotiven, vor Ort aber wird der Betrachter an anderen Stellen, an denen das gesamte Potpourri unvermittelt zusammenkommt, von der ungemeinen Vielfalt förmlich erschlagen. Das Gleiche gilt für einige, wenn auch nur wenige, der insgesamt 30 neuen Häuser in Wencun. Monotonie sei ihm ein Greuel erklärt der Architekt dazu. Vielmehr sei es sein Anliegen „so lebendig zu bauen wie das Leben selbst". Und das gelingt ihm zweifellos.

the project's large construction site started to decline, Wang Shu's construction manager suggested to use rubble, which had the added advantage of only costing half as much; recollecting that recycled building materials have traditionally been used in rural China, Wang Shu agreed to it.

Indeed, he veritably orchestrated their use by creating patterns with different colours and shapes. It is these rough-looking materials in particular that give the buildings their special power, while also helping to gloss over signs of ageing in other construction materials, which becomes all the more important considering that even after only a few years, there is hardly a steel railing or window frame without noticeable rust marks, while the paint on the wooden facades flakes off extensively.

The use of recycled stones reached its erstwhile apex a few years later in the above-mentioned Ningbo History Museum, whose outer shell Amateur Architecture Studio largely designed using bricks from the old villages that had been levelled for the urban development project. As such, several million of these bricks literally live on in its facades and roofs. Here too, it is the recycled stones in particular which give the ensemble its raw charm and lively appeal.

With the first two construction phases in Hangzhou, and the Ningbo History Museum – his masterpiece completed in 2008 already – , Wang Shu has raised the bar, also for himself; all his future buildings are likely to be measured against these two building projects. The perception that this comparison isn't necessarily beneficial for some of these, is demonstrated by the Wa Shan Guesthouse on the Art Academy's campus in Hangzhou completed in 2013, and which is sometimes also referred to as the start of the third construction phase. Here, the architect veritably bubbles over with ideas, displaying a wide array of materials and surface structures: recycled as well as new bricks; natural stone and rammed clay; wall claddings of bamboo – plaited and arranged as rods – , as well as in various patterns, and as imprints in concrete; and underlined by an abundance of occasionally mannered details and forms. This results in some very beautiful and efficacious photo scenes; at the same time, viewers at other points on the site, where the entire potpourri unexpectedly seems to converge, are positively overpowered by the tremendous diversity. The same applies to some, if only a few, of the altogether 30 new houses in Wencun. To this end, the architect explained (to the author) that he abhors monotony, and that, in fact, it is his concern to "build as vibrantly as life itself", which he undoubtedly succeeds at.

In spite of numerous requests from abroad, Wang Shu has to this day remained true to his principles, building exclusively in his home country of China, and particularly in a specific region of Zhejiang province, with the exception of smaller installations for various Biennales of Architecture in Venice, amongst others.

His most recent and at the same time largest individual building is the vast cultural centre in Fuyang, completed in the summer of 2017, which rises into the sky like an artificial landscape, while its huge, wave-like roofs trace the silhouette of the mountains in the background. Here, the architect raises hitherto proven shapes and material applications to a monumental scale.

Closely linked to this project is the village renewal of Wencun, around 50 km away. The reason for this is that when the provincial government of Hangzhou wanted to commission

Trotz zahlreicher Anfragen aus dem Ausland ist Wang Shu bis heute seinen Prinzipien treu geblieben und baut, abgesehen von kleineren Installationen unter anderem auf verschiedenen Architekturbiennalen in Venedig, ausschließlich in seinem Heimatland China – und dort vor allem in einem regional begrenzten Bereich in der Provinz Zhejiang. Sein jüngster und gleichzeitig größter Einzelbau ist das im Sommer 2017 fertiggestellte gewaltige Kulturzentrum in Fuyang, das wie eine künstliche Landschaft in den Himmel ragt und mit seinen riesigen wellenförmigen Dächern die Silhouette der Berge im Hintergrund nachzeichnet. Hier steigert der Architekt bislang bewährte Formen und Materialanwendungen ins Monumentale.

Eng verbunden mit diesem Projekt ist die etwa 50 Kilometer entfernte Dorferneuerung von Wencun. Denn als die Provinzregierung von Hangzhou den Architekten mit der Planung des Kulturzentrums in Fuyang beauftragen will, nimmt Wang Shu, dem der Pritzker-Preis in seinem Heimatland zu hoher Autorität verhilft, nur unter einer Voraussetzung an: Die Verwaltung soll auch die Sanierung eines traditionellen Dorfs nach seinen Vorstellungen organisieren und bezahlen. Wang Shus Anliegen bei dieser sehr freien Interpretation des ländlichen Bauens ist es nicht nur, die Lebensqualität in den Dörfern mit einer derartigen Maßnahme zu erhöhen und damit der starken Landflucht Einhalt zu gebieten. Vielmehr will er aus der intensiven Beschäftigung mit der ländlichen Kultur selbst einen Nutzen ziehen, will mehr erfahren über die überlieferten Baumethoden und Materialien, um diese dann auch in seine Projekte in der Großstadt einzubringen. Vielleicht führt das ja zu neuen Impulsen in seinem Werk. Im Moment indes sieht es eher danach aus, dass er einmal Bewährtes nur allzu gerne (auch unter vollkommen anderen Voraussetzungen) wiederholt.

the architect to plan the cultural centre in Fuyang, Wang Shu – being a recipient of the Pritzker Prize, bestowing him with a high level of authority in his home country – accepted the assignment under one condition: that the administration also organise and fund the renovation of a traditional village according to his concepts. Wang Shu's concern in this very free interpretation with respect to rural construction was not only to raise the quality of life in the villages by means of such a measure, and hence stem the high rate of rural migration; he also wanted to intensively engage with the rural culture and benefit from this experience, being keen to know more about traditional construction methods and materials, with a view to imbibing them in his projects in major cities. Perhaps this will, indeed, lead to new impulses in his work. At present, he seems to prefer sticking to what has been tried and tested (including in the case of various different conditions).

Wa Shan Guesthouse in Hangzhou 2013 /
Wa Shan Guesthouse in Hangzhou 2013

Historisches Museum in Ningbo 2008 /
Ningbo History Museum 2008

Oben: Dorfsanierung Wencun 2016 /
Above: Wencun village rehabilitation 2016
Unten: Kulturzentrum in Fuyang 2017 /
Below: Fuyang cultural centre 2017

Staatsoper und Ballett in Oslo
Norwegian National Opera and Ballet in Oslo
Snøhetta, Oslo

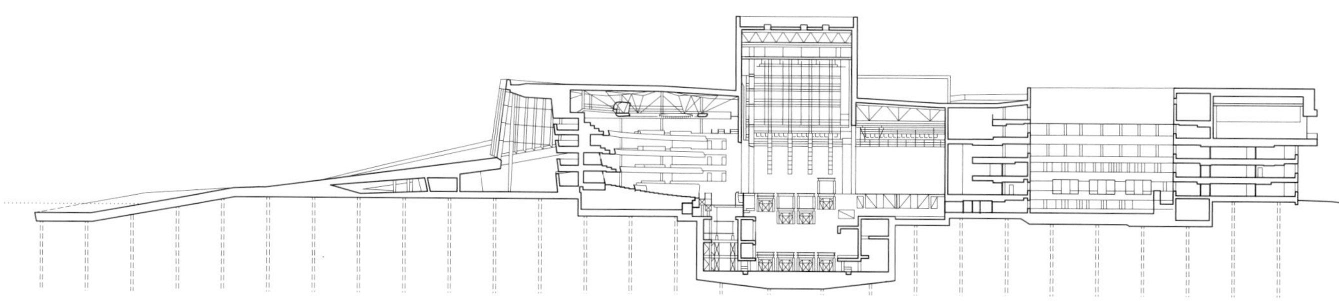

Wie eine Eisscholle liegt das Opernhaus im Hafen von Oslo. Mit seinen schrägen strahlendweißen Dachflächen und dem vielen Glas hat es so gar nichts mit der überlieferten Vorstellung eines klassischen Kulturbaus gemein. Vielmehr gleicht es einer urbanen Landschaft. Monumentalität und hohe Architekturqualität verlangt die Wettbewerbsausschreibung seinerzeit und beides ist den Architekten von Snøhetta ohne Zweifel gelungen. Wenn auch vermutlich ganz anders als vom Auslober gedacht. Mit ihrer Idee einer öffentlich zugänglichen Dachlandschaft und der prägnanten Form gewinnen sie das internationale Verfahren für ein neues Zuhause der norwegischen Staatsoper im Jahr 2000.

Snøhetta – „Schneekappe“, Norwegens gleichnamiger Berg, gab dem weitgehend egalitär organisierten, in Oslo ansässigen Büro seinen Namen, das international erstmals mit der 2001 vollendeten Bibliothek in Alexandria auf sich aufmerksam machte. Die Projekte des aus Architekten, Landschaftsarchitekten und Künstlern zusammengesetzten Teams drehen sich fast immer auch um die Verknüpfung von Landschaft und Architektur. Ganz besonders trifft das auf die Oper in Oslo zu. Denn mit ihren begehbaren Dächern ist sie in allererster Linie ein Projekt für die Stadt. Ebenfalls 2001 hatten Foreign Office Architects in Japan das Yokohama Terminal fertiggestellt, eine Art Bahnhofsgebäude für den Fährverkehr, das selbst wie ein Schiff im Hafen anzudocken scheint. Mit den als öffentlicher Park gestalteten Dächern erregen sie seinerzeit weltweit Aufsehen. Ein ähnliches Prinzip wenden Snøhetta nun für ein Kulturgebäude an. Sie gestalten einen eindrucksvollen, für jedermann zugänglichen öffentlichen Raum, den sich die Menschen aneignen, wo sie in der Sonne sitzen oder spazieren gehen können. Ein topographisches Gebilde, das die Leute aber auch ersteigen dürfen, um unterschiedliche Perspektiven auf die Stadt und das Meer zu genießen. Mit der künstlichen Landschaft aus schneeweißem Carrara-Marmor kreieren Snøhetta einen demokratischen Ort, der für alle zugänglich ist und nicht exklusiv den vergleichsweise wenigen Opernbesuchern vorbehalten bleibt. Damit setzen sie ein deutliches Zeichen in einer Zeit, in der der öffentliche Raum zunehmend dem Diktat der Privatisierung unterworfen ist. Gleichzeitig vermittelt der Solitär im Hafenbecken zwischen Fjord und Innenstadt und wirkt als Katalysator für die Revitalisierung des zwar zentrumsnahen, aber zuvor lange Zeit von einer Schnellstraße abgeschnittenen Quartiers. In den letzten Jahren sind hier nun zahlreiche Wohn- und Bürobauten entstanden, ebenso wie eine neu angelegte Uferpromenade. Auch das Innere des Opernhauses schottet sich nicht ab, sondern lädt mit seinem hellen verglasten Foyer und Gastronomieeinrichtungen zum Eintreten und Verweilen ein. So vermischt sich das Konzertpublikum mit Ausflüglern und Touristen, von denen sich vielleicht der ein oder andere bald selbst einmal in einer der Aufführungen wiederfindet. Das vorherrschende Material im Innenraum ist Holz. Auch der im Grundriss hufeisenförmige, von der Dresdner Semperoper inspirierte, große Konzertsaal ist mit dunkler Raucheiche vertäfelt. Diese verleiht ihm zusammen mit den rot gepolsterten Zuschauerreihen eine eher klassisch vornehme Ausstrahlung: Ein durchaus überraschender Kontrast zu der expressiven äußeren Erscheinung des Kulturbaus.

Reminiscent of an ice floe, this opera house is situated in the port of Oslo. With its inclined, gleaming white roof surfaces and abundance of glass, it hardly seems to have anything in common with the traditional idea of a classic cultural building. It rather resembles a landscape shaped by the human hand. The competition brief had demanded monumentality and high architectural quality, and the architects at Snøhetta undoubtedly succeeded in meeting both demands – albeit presumably entirely differently than originally imagined by the awarding authority. In 2000, they won the international competition procedure for a new home for the Norwegian state opera with their idea of a publicly accessible roofscape and a distinctive form.

Snøhetta, "snowy cap", Norway's eponymous mountain, gave its name to the Oslo-based architectural firm, which is organised in a largely egalitarian manner, and first gained international attention with its library in Alexandria, completed in 2001. The teams consisting of architects, landscape architects, and artists, work on projects that almost always revolve around the link between landscape and architecture. This especially applies to the opera in Oslo, as its walkable roofs allow it to be, above all, a project for the city. In 2001, Foreign Office Architects had completed the Yokohama Terminal in Japan, as a type of station building for ferry traffic, and which itself appears like a ship docking in port. The roofs of the building, which they designed as a public park, caused a sensation around the world. Snøhetta applied a similar principle to the cultural building of the opera house. They designed an impressive public space accessible to everyone, which people can appropriate themselves and where they can sit in the sun or go for a walk, creating a topographical structure which people are allowed to climb to enjoy different views of the city and the sea. With their artificial landscape made of snow-white Carrara marble, the architects at Snøhetta thus created a democratic space accessible to all and not exclusively reserved for the comparatively few opera visitors. In doing so, they send out a clear signal at a time in which public space is increasingly subjected to the dictate of privatisation. At the same time, the freestanding building at the edge of the harbour basin mediates between the fjord and the city centre, acting as a catalyst for the revitalisation of a district which, though close to downtown, had for a long time been cut off by a motorway. In recent years, many new residential and office buildings have come up here, including a newly created seaside promenade.

Like the roof, the opera building's interior doesn't close itself off, inviting visitors to enter and linger in its bright, glazed foyer and culinary facilities. Concert audiences mingle with sightseers and tourists, some of whom may themselves feel tempted to attend one of the performances.

The predominant interior material is wood. The main concert hall too, with its hoof-shaped ground plan inspired by the Semper Opera House in Dresden, is panelled with dark smoked oak. Coupled with the red-upholstered audience rows, this lends the space a rather classic and elegant charm, forming a striking contrast to the expressive outer appearance of this cultural building.

Das neue Opernhaus liegt wie eine Eisscholle im Hafen von Oslo. / The new opera house lies in the Oslo harbour like an ice floe.

Lageplan, Maßstab 1:10 500 / Site plan, scale 1:10,500

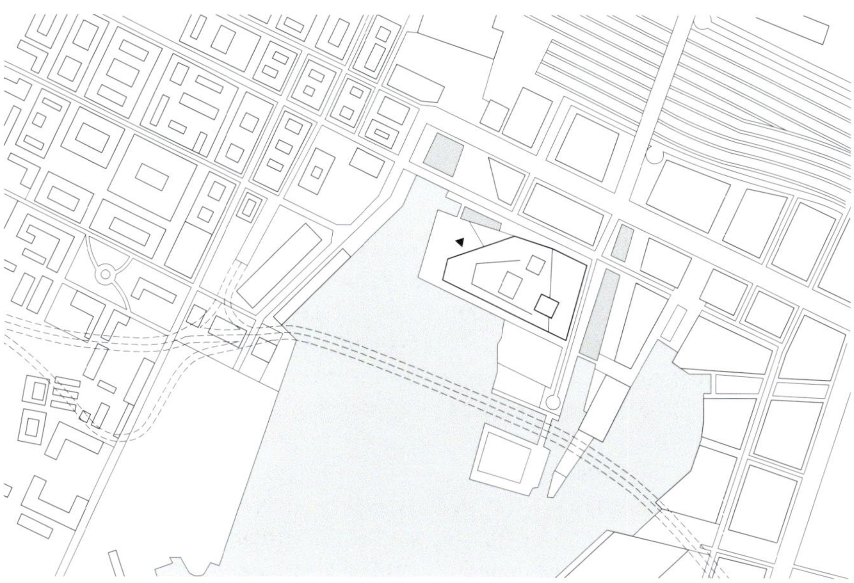

Grundriss 3. OG, Maßstab 1:1500 / Floor plan 3rd floor, scale 1:1,500

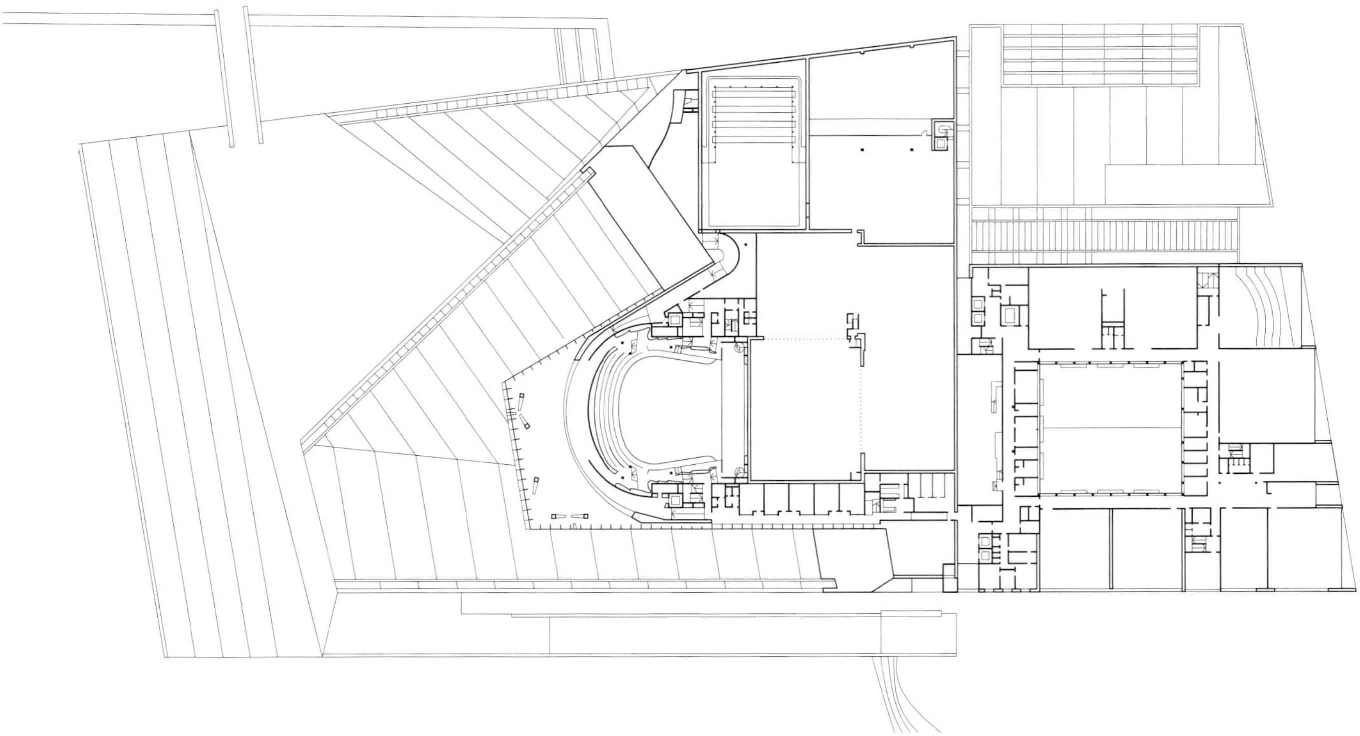

Grundriss EG, Maßstab 1:1500 / Floor plan ground floor, scale 1:1,500

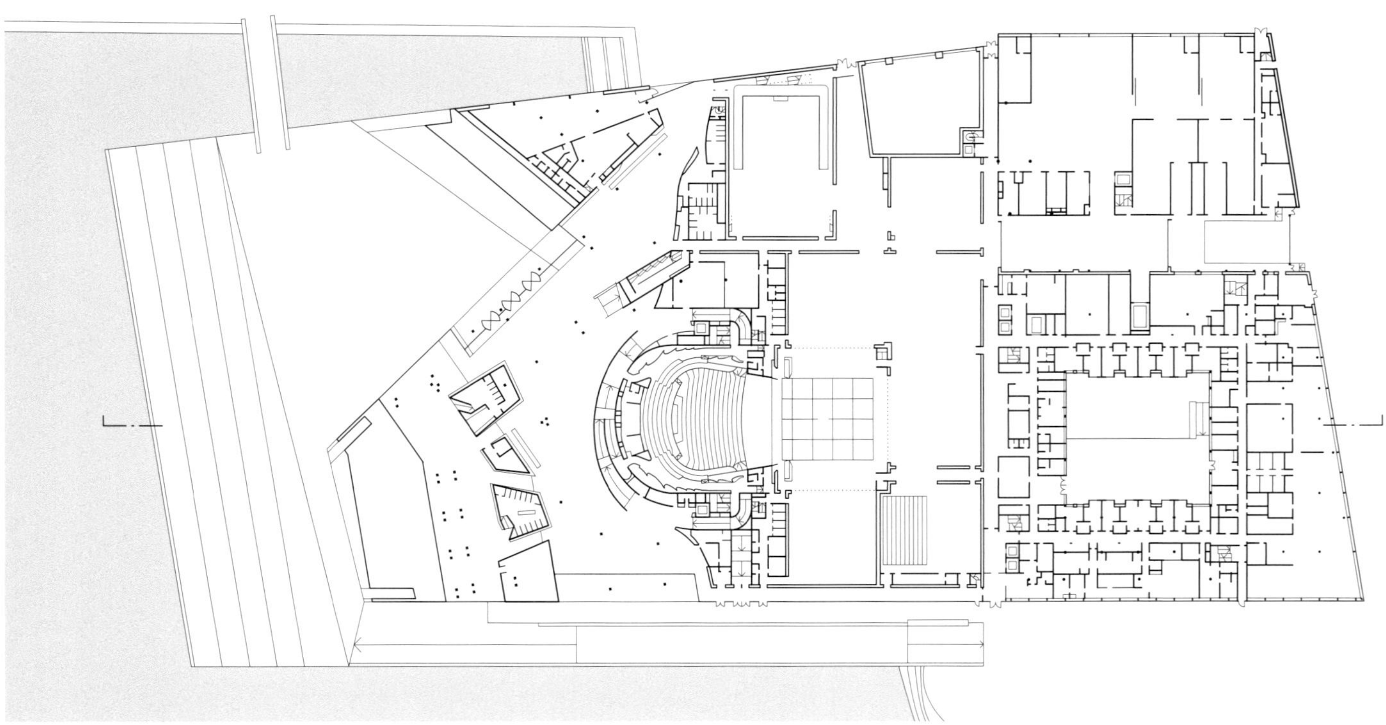

„Unsere Herangehensweise bei der Sanierung des Neuen Museums war es, sich dem Gebäude zu nähern wie einem archäologischen Objekt, wie einer demolierten antiken Statue oder Vase. Auch diese würde man nicht einfach wiederherstellen und dann so tun, als sei sie schon immer so gewesen. […] Gerade die Fragmente der ursprünglichen Substanz haben eine besondere Ausstrahlung – die Reste eines zerstörten Wandbilds beispielsweise können viel eindringlicher wirken, als wenn es komplett erhalten geblieben wäre.“

David Chipperfield in einem Gespräch mit dem Autor im September 2007

“Our strategy for the renovation of the New Museum was to approach the building as an archaeological project, like with a damaged ancient statue or vase. They wouldn’t be simply restored and then everyone would pretend like it had always been this way. […] It is the fragments of the original substance that have a special charisma – remnants of a damaged wall painting, for example, can have a much more impressive effect than if it had been preserved in a complete state.”

From a conversation between David Chipperfield and the author in September 2007

Neues Museum, Museumsinsel in Berlin
Neues Museum in Berlin

David Chipperfield Architects, Berlin
mit/with Julian Harrap

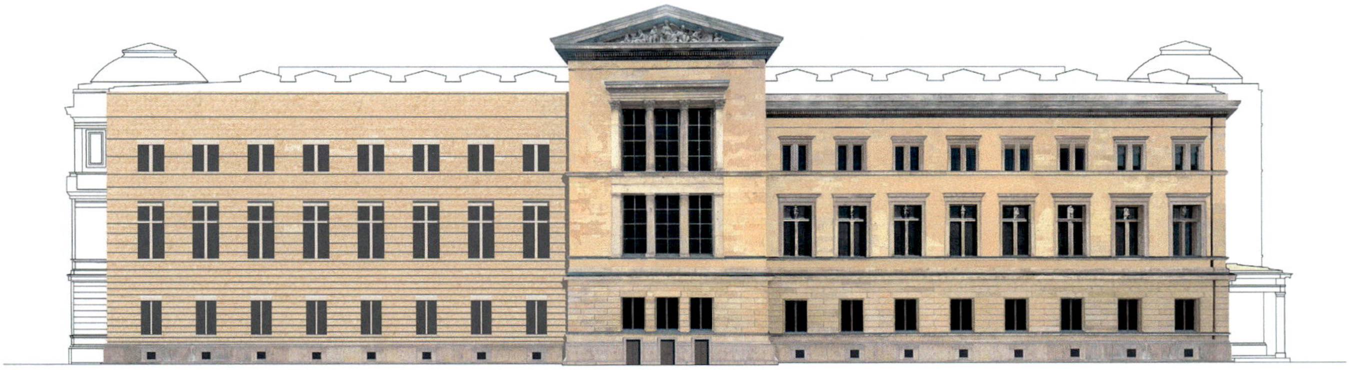

Fassade mit konservierten Spuren des Kriegs / Facade with preserved traces of the war

Skizze mit den Ergänzungen zerstörter Gebäudeflügel / Sketch with added destroyed wings of the building

Reste überschwänglicher historischer Dekorationen von sorgfältig freigelegten Wandgemälden und bunten Mosaikböden im Wechsel mit fleckigem Putz und rohem Ziegelmauerwerk oder den in ihrem bröselnden Verfall konservierten Tontopfdecken. Dazwischen neue Einbauten aus archaisch strengen Fertigteilen aus weißem Beton, mal sinnlich rau, dann wieder glatt poliert oder aus spiegelndem Glas: Mit der im Frühjahr 2009 fertiggestellten Generalsanierung des Neuen Museums in Berlin führt uns David Chipperfield eine ebenso beispiellose wie souveräne Inszenierung des Materials an sich und seiner Oberfläche in ihren unterschiedlichen Schichtungen vor – eine wahre Flut an Bildern und Eindrücken, aber auch ein einzigartiges Experiment im Umgang mit dem geschichtsträchtigen Bestand. Denn Chipperfield und sein Team entscheiden sich nicht zur Wiederherstellung der alten Pracht durch originalgetreue Rekonstruktion, sondern ganz im Einklang mit der Charta von Venedig zu einer im heutigen Berlin eher unpopulären ergänzenden Sanierung unter Einbeziehung der alten, stark in Mitleidenschaft gezogenen Bausubstanz.

Das Neue Museum, zwischen 1841 und 1859 nach Plänen des preußischen Hofarchitekten Friedrich August Stüler entstanden, ist zur Entstehungszeit mit seinen Leichtbaugewölben und vorgefertigten Ausbauelementen ein technisches Meisterwerk, aber auch einzigartig mit seinen raumfüllenden Wandgemälden. Diese illustrierten mit Darstellungen von vorgeschichtlichen Gräbern, ägyptischen oder griechischen Tempeln und Landschaften die zur Schau gestellten Exponate. Im Zweiten Weltkrieg allerdings wird das Museum von allen Bauten auf der Berliner Museumsinsel am schwersten beschädigt und in Teilbereichen zerstört. Auch während der DDR-Zeit bleibt es ungeschützt dem weiteren Verfall ausgesetzt.

Im Gegensatz zu den Restaurierungen der beiden benachbarten Institutionen knüpft David Chipperfield mit seinem zusammen mit dem englischen Denkmalpfleger Julian Harrap entwickelten Sanierungskonzept nicht an eine heile Vorkriegsgeschichte an. Vielmehr verfolgt seine Strategie einer „ergänzenden Wiederherstellung“ das Ziel, soviel wie irgend möglich von der bestehenden Substanz zu erhalten. Eine Herangehensweise, die jeden Versuch, Dinge nach altem Vorbild wiederherzustellen, bereits im Keim erstickt, auf der anderen Seite jedoch auch ermöglicht, die Spuren der Vergangenheit einschließlich aller Narben sichtbar zu lassen. Dort aber, wo die ursprüngliche Substanz unwiederbringlich zerstört ist, fügen die Architekten behutsam neue Teile ein. Die Übergänge zwischen Alt und Neu bilden sie dabei so fließend aus, dass sie oftmals erst bei genauem Hinsehen zu erkennen sind. Damit nehmen Chipperfield und Harrap eine Gegenposition zur lange gültigen Meinung unter Denkmalpflegern und Architekten ein, die eine klare ästhetische Trennung, beispielsweise in Form einer Fuge, zwischen der erhaltenen Substanz und den aktuellen Ergänzungen verlangt. Vor allem aber bleiben sie weit davon entfernt, die Ein-

Behold this: Remains of lavish historical decorations, as part of carefully uncovered wall paintings; colourful mosaic floors alternating with spotty plaster and coarse brickwork; or the hollow-pot ceiling preserved in its crumbling decay, interspersed by new installations made of archaically austere prefabricated parts of white concrete, alternating with sensually rough, smoothly polished, and reflective glass: With the general refurbishment of the Neues Museum in Berlin, completed in the spring of 2009, David Chipperfield presented us with an unparalleled and masterful orchestration of the material itself, including its surface in its different layers – a veritable flood of images and impressions, but also a unique experiment in handling the building stock steeped in history. Chipperfield and his team decided against reconstituting the old grandeur by a true-to-original reconstruction, and in full accordance with the Venice Charter, opted for a complementary renovation, which – though currently perhaps somewhat unpopular in Berlin – incorporated the old, battered building stock.

The Neues Museum, built between 1841 and 1859 according to plans of the Prussian court architect Friedrich August Stüler, was a technical masterpiece at the time of its construction, with its lightweight vaults and prefabricated fitout elements, and unique with its space-filling murals. With their depictions of prehistoric tombs, Egyptian or Greek temples, and landscapes, the murals illustrated the exhibits on display. In the Second World War, however, the museum suffered the greatest damage of all the buildings on the Museum Island in Berlin, and was destroyed in parts. During the GDR period, it remained more or less unprotected from further decay.

In contrast to the restorations of the two neighbouring institutions, the restructuring plan developed by David Chipperfield in collaboration with the English conservationist Julian Harrap, did not draw on an intact pre-war condition. Rather, his strategy of "complementary restoration" pursued the goal of preserving as much as possible of the existing building stock, corresponding to an approach which nips in the bud any attempt to restore things according to the old model, while on the other hand, also allowing the traces of the past, including all scars, to remain visible. In places where the original building stock had, however, been irretrievably destroyed, the architects carefully incorporated new elements. They designed the transitions between the old and the new to be so fluid that they can often only be noticed when taking a closer look. In doing so, Chipperfield and Harrap adopted a contrary position to the long-held opinion among conservationists and architects which demands a clear aesthetic separation between the preserved building stock and new elements, for example in the form of a gap. Above all, however, the architects remain far from celebrating the

griffe als gestalterische Neuschöpfungen zu zelebrieren, wie es in Anlehnung an die kongenialen Neuinterpretationen von Carlo Scarpa in Verona unter Planern lange Zeit Mode war. Ganz im Gegenteil: Was David Chipperfield inszeniert, ist der Bestand. Dabei gelingt es ihm auf einzigartige Weise, dem Vergänglichen eine eigene Ästhetik abzuringen, indem er die grafischen Qualitäten von bröckelndem Putz, Farbresten und sonstigen Spuren von Verfall und Verwitterung herausstellt.

Neben diesem bemerkenswerten Umgang mit dem Material aber zeigen David Chipperfield und sein Team großes Fingerspitzengefühl und historisches Bewusstsein, indem sie Brüche und Entwicklungen in der Geschichte sichtbar machen. So offenbart sich dem Besucher das Schicksal des Museums bereits an den Fassaden. Denn was sich von Weitem betrachtet als geschlossener, unversehrter Baukörper mit gleichmäßiger Farbgebung zeigt, entpuppt sich bei näherem Hinsehen als uneinheitliche Außenhaut. Zwischen den alten verputzten Wandteilen mit ihrer Quadergliederung lassen die Architekten verlorengegangene Abschnitte wieder aufmauern. Dafür verwenden sie als Material handverlesene historische Ziegel von abgebrochenen Scheunen aus Brandenburg, die aus der gleichen Bauzeit stammen und somit dem ursprünglichen Bestand entsprechen. Diese überziehen sie anschließend mit einer zarten Schlämme in einem ähnlichen lichten Ockerton wie die benachbarten Putzfelder.

Zu den weitreichendsten Eingriffen entscheiden sich die Planer um David Chipperfield im Ägyptischen Hof und in der Haupttreppenhalle. Den Hof überdecken sie mit einem Glasdach und ergänzen ihn, entgegen dem Zustand vor der Zerstörung, um neue Ausstellungsräume auf eingestellten Plattformen, die ein System aus sehr schlanken und ebenso edlen, bis zu 15 Meter hohen Säulen trägt. Mit der großartigen neuen Treppenanlage dagegen nehmen die Architekten Form und Volumen des historischen Originals auf, bleiben dabei freilich sehr modern und abstrakt. Die aus weißen Marmorbetonfertigteilen gefügte Treppenanlage kontrastiert auf gelungene Art und Weise mit den umgebenden roh belassenen Ziegelwänden. Ihre Stöße lässt Chipperfield so exakt ausbilden, dass die Konstruktion tatsächlich monolithisch wirkt. Die Oberflächen wechseln zwischen haptisch rauen Wangen und Brüstungen sowie den vollkommen blank geschliffenen Handläufen.

Gut ein halbes Jahr nach Abschluss der Sanierungsarbeiten sind schließlich auch die Ausstellungen installiert. Im Oktober 2009 findet die feierliche Eröffnung statt und das Haus erlebt in der Folgezeit einen unglaublichen Publikumsansturm. Zwar wirken manche Bereiche zusammen mit den Ausstellungsvitrinen und den Sammlungsstücken jetzt etwas voll, aber der großartige Gesamteindruck bleibt. Heute ist der riesige Andrang von mehr als einer Million Besuchern im ersten Jahr nach der Eröffnung abgeebbt, doch das Neue Museum bleibt neben dem benachbarten Pergamonmuseum nach wie vor das beliebteste Ausstellungshaus in Berlin – nicht zuletzt natürlich auch wegen „seiner" Nofretete.

interventions as new aesthetic creations which, in the style of Carlo Scarpa's congenial new interpretations in Verona, had long been in vogue among planners. On the contrary, what David Chipperfield orchestrated was the building stock itself. In doing so, he uniquely succeeded in wresting a unique aesthetic from what is transient by highlighting the graphic qualities of crumbling plaster, paint residues, and other traces of decay and weathering.

Alongside this remarkable handling of material, David Chipperfield and his team displayed great dexterity and historical awareness by making visible breaks and developments in history. So, for example, already the facades reveal the fate of the museum to the visitor; what seems like a closed intact building structure with an even colouring from a distance, turns out to be a heterogeneous outer skin on closer inspection. In between the old plastered wall sections with their cuboid arrangement, the architects had missing sections walled up anew. For this purpose, the material they used consisted of hand-picked historical bricks from broken barns in Brandenburg that date from the same construction period and hence correspond to the original building stock. The architects subsequently coated these with delicate plaster slurry in a light ochre tone similar to the adjacent plastered sections.

The most far-reaching interventions, however, were implemented in the Egyptian Courtyard and the main staircase hall by David Chipperfield and his team of planners. They covered the courtyard with a glass roof, and complemented it – in contrast to its pre-war condition – by new exhibition spaces on inserted platforms supported by a system of very slender and exquisite, up to 15-metre-high columns. In the case of the grand new staircase, however, the architects took up the form and volume of the historical original while remaining highly modern and abstract. The staircase assembled from white prefabricated marble concrete components successfully contrasts with the surrounding raw brick walls. The architects had the joints so precisely fashioned that the structure indeed seems monolithic. With respect to the surfaces, the architects alternated between the raw stair strings, including the railings, and the completely blank-polished handrails.

Just over half a year after completion of the restoration work, the exhibitions had also been installed. The grand opening took place in October 2009, and the building subsequently witnessed phenomenal crowds of visitors. Though some areas, including the display cases and collection items, seem somewhat full today, the grand overall impression remains. While the huge throng of more than a million visitors in the first year after its opening has abated today, the Neues Museum, alongside the Pergamon Museum, still remains the most popular exhibition centre in Berlin – not least, of course, also due to "its" Nefertiti.

Links: Moderner Saal / Left: Modern hall
Rechts: Haupttreppe aus weißem Marmorbeton / Right: Main staircase of white marble concrete

Links: Flachkuppelsaal / Left: Shallow-dome hall
Rechts: Ägyptischer Hof, Galerie / Right: Egyptian Courtyard, gallery

Links: Vestibül, Tontopfdecke / Left: Vestibule, hollow-pot ceiling
Rechts: Bacchussaal, konservierte Farbreste / Right: Bacchus Hall, preserved paint residues

Links: Ägyptischer Hof / Left: Egyptian Courtyard
Rechts. Galerie am Haupteingang / Right: Gallery at main entrance

„Ich habe immer versucht, meine eigene Sprache zu sprechen, und denke, das ist ein Recht – auch wenn manche Leute das als eine gewisse Art von Arroganz empfinden mögen. Ich profitierte natürlich auch von Lehrern, aber meine Schule ist letztlich meine eigene.

Außergewöhnliche Bahnhöfe fallen stärker auf, da man heute zwar schicke Museen gewöhnt ist, Bahnhöfe dagegen als Orte gelten, wo es übel riecht und zu bestimmten Zeiten sogar gefährlich sein kann. […] Grundsätzlich sehe ich jedoch nicht ein, warum ein Bahnhof etwas völlig anderes sein soll als ein Museum oder warum eine Brücke in der Stadt nicht auch eine starke Persönlichkeit haben darf.

Ich habe wirklich nichts gegen den Computer, aber dort, wo eine Form definiert wird, möchte ich nichts anderes einsetzen als die eigene Hand. Diesen Bezug zwischen dem Objekt und mir selbst will ich nicht aufgeben. […] Schlussendlich suche ich immer Klarheit – das ist es, was an solchen Orten zählt.“

Santiago Calatrava im Interview in DETAIL 6/2010

“I have always attempted to speak my own language, and I think that’s a right one has, even if some people may see it as a form of arrogance. I have benefitted from teachers, of course, but ultimately my school is my own.

Exceptional railway stations make a stronger impact because one is more accustomed to smart looks for museums. Stations are normally regarded as places with a bad smell and where it can even be dangerous at times. […] In principle, though, I don’t see why a station should be something completely different from a museum, or why a bridge in an urban situation should not have a bold character, too.

I have absolutely nothing against the computer, but at that point where the form is defined, I wouldn’t like to use anything but my own hand. This relationship between me and the object is something I don’t want to give up. […] Ultimately, it’s clarity I’m always looking for. That’s what counts in situations like this.”

From an interview with Santiago Calatrava in DETAIL 6/2010

Bahnhof Guillemins in Lüttich
Guillemins TGV Railway Station Liège
Santiago Calatrava, Zürich/Zurich

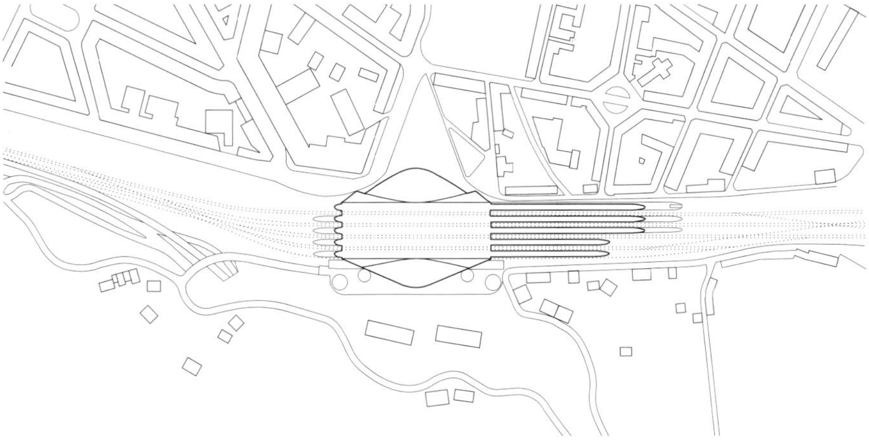

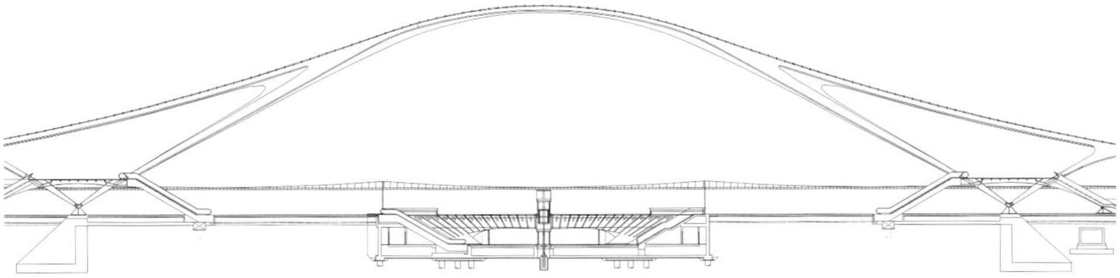

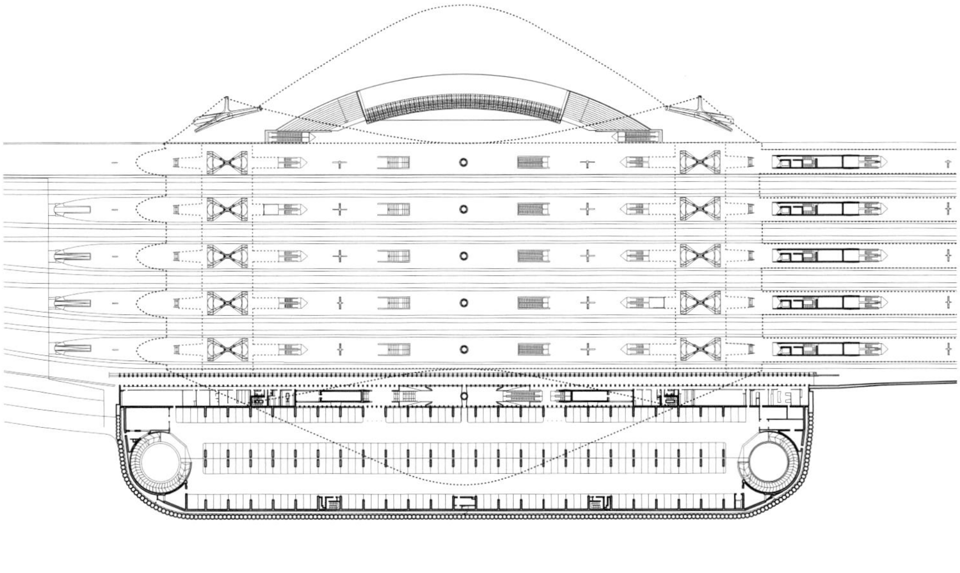

143 Santiago Calatrava, Zürich / Zurich

Dem ankommenden Bahnreisenden offenbart sich erst beim Verlassen des Zugs die ganze Pracht: ein gigantisches Dach aus Stahl und Glas, das über den Gleisen zu schweben scheint und an seinen Längsseiten den Blick auf die Stadt effektvoll rahmt. Zweifellos ist der 2009 fertiggestellte Schnellbahnhof Liège-Guillemins eines der eindrucksvollsten Verkehrsbauwerke der jüngeren Zeit. Sein Architekt Santiago Calatrava hat es als eine weithin sichtbare, strahlend weiße Skulptur in der ansonsten grauen, vom Niedergang der Montanindustrie schwer gezeichneten belgischen Stadt positioniert und damit die großen Bahnhofshallen des 19. Jahrhunderts vollkommen neu interpretiert.

Liège (deutsch: Lüttich), die Hauptstadt Walloniens und ein wichtiger Knotenpunkt im europäischen Schienennetz, brauchte dringend einen neuen, den modernen Hochgeschwindigkeitszügen angemessenen Bahnhof. Darüber hinaus war ein Aushängeschild und wirkliches Eingangstor zur Stadt gefragt, das gleichzeitig auch als Katalysator für dessen Erneuerung wirken kann. Bereits 1996 gewinnt Calatrava den internationalen Realisierungswettbewerb für den Neubau des Bahnhofs, der nach zwölfjähriger Planungs- und Bauzeit schließlich mit mehr als 400 Millionen Euro zu Buche schlägt.

Calatrava, von der Ausbildung her ebenso Architekt wie Ingenieur, betätigt sich auch als Maler und Bildhauer – zum Interview in seinem Zürcher Büro lässt er kiloschwere Skizzenbücher herbeischleppen. Mit Hunderten von Zeichnungen und Aquarellen belegt er dann eindrucksvoll den Formfindungsprozess. Der aus einer spanischen Adelsfamilie stammende Baumeister hat seine eigene unverkennbare sowie expressive Architektursprache entwickelt. Gelegentlich formal etwas überzogen, unterscheidet sie sich bei den verschiedenen Bauaufgaben kaum. Sein umfangreiches Werk reicht vom Opernhaus zum Museum, vom Wohnturm hin zu zahlreichen Brücken. Am stärksten ist Calatrava aber meist dann, wenn er Verkehrsbauten entwirft. So ist es wohl kein Zufall, dass seine Karriere bereits mit einem kleinen Bahnhof, Zürich Stadelhofen, beginnt. Später folgen unter anderem die TGV-Station Lyon Saint-Exupéry, der spektakuläre Gare do Oriente in Lissabon sowie der

Arriving train passengers are greeted by a splendid sight once they leave the train: A gigantic roof of steel and glass seemingly floats above the tracks, framing the view of the city along its longitudinal sides. Completed in 2009, the Liège-Guillemins high-speed railway station is undoubtedly one of the most impressive transport structures of recent times. Its architect, Santiago Calatrava, positioned it as a widely visible, gleaming white sculpture in this otherwise grey city in Belgium, which had been badly affected by the decline of the coal and steel industry, and thereby succeeded in interpreting the grand station concourses of the 19th century in an entirely new manner.

Liège, the capital of Wallonia and an important hub in the European rail network, urgently needed a new railway station suitable for the modern high-speed trains. Moreover, a new flagship and gateway to the city was desired that could simultaneously also act as catalyst for its renewal. in 1996 Calatrava had won the international architectural competition for the new station building, which was completed after a 12-year planning and construction period at a cost of over €400 million.

Calatrava, both an architect and engineer by training, is also a painter and a sculptor. For an interview in his Zurich office, heavy sketchbooks are presented, with Calatrava impressively corroborating the form-finding process with reference to hundreds of drawings and watercolours. Hailing from a Spanish aristocratic family, the master builder developed his own distinctive and expressive architectural language. Seeming somewhat formally overextended at times, it hardly changes with the most diverse building tasks. His extensive oeuvre ranges from opera houses to museums, from residential towers to numerous bridges. Calatrava is usually at his best when he designs transport buildings. As such, it probably is no coincidence that his career began with a small railway station, Zurich Stadelhofen. The TGV station Lyon-Saint Exupéry, the spectacular Gare do Oriente in Lisbon, as well as the comparatively unpretentious yet attractive airport in Bilbao later follow, amongst others.

vergleichsweise unprätentiöse, aber ansprechende Flughafen in Bilbao.

Liège-Guillemins aber ist zweifellos sein eindrucksvollstes Werk. Hier stimmen Ingenieurbaukunst und eine den Betrachter überwältigende Architektur perfekt überein. Kein anderer seiner Bauten zeigt ähnlich klare Formen und ein gleichermaßen gelungenes Zusammenspiel von Konstruktion und Gestalt. Calatrava spannt das riesige Dach dabei nicht wie üblich quer zu den Gleisen, sondern in Längsrichtung, also parallel. Er begründet diese Entscheidung mit dem notwendigen Bauprozess bei laufendem Bahnbetrieb, denn so ist es möglich, die Konstruktion Gleis für Gleis zu errichten. Gerade diese veränderte Spannrichtung führt zu ungewöhnlichen Perspektiven. Die Tatsache, dass die filigranen Stahlbögen parallel zu den Zügen laufen, verstärkt den Eindruck des schwebenden Dachs.

Dessen Haupttragwerk besteht aus 39 Stahlbögen im Abstand von etwa 1,90 Metern, die biegesteif mit den von unten kaum wahrnehmbaren Querträgern verbunden sind, sodass die gesamte Struktur wie ein Schalentragwerk wirkt. Erst dadurch entsteht der ausgesprochen leichte und transparente Eindruck, denn die Stahlhohlprofile der Bögen verjüngen sich zum Scheitelpunkt auf lediglich 1,2 Meter Höhe. Und das bei einer Spannweite von immerhin 160 Metern.

Städtebaulich gesehen ermöglicht es die parallel zu den Gleisen verlaufende Spannrichtung des Dachs dem Architekten, den Bahnhof an den beiden Längsseiten zur Stadt hin zu öffnen und die beiden lange Zeit durch die Bahntrassen getrennten Stadtteile Guillemins und Cointe mit zwei Brücken über die Schienen wieder miteinander zu verbinden.

Die notwendige Infrastruktur wie Ticketschalter und Wartebereiche, kleine Läden und Imbisseinrichtungen, legt Calatrava in eine Passage unter den Gleisen, die durch Glasbausteine in den Bahnsteigen von oben belichtet ist. Ganz bewusst gestaltet er diese nicht als Shoppingmall, wie bei so vielen heutigen Verkehrsbauten üblich, damit der Platz vor dem Bahnhof mit Cafés, Restaurants und Geschäften auch sein Leben entfalten kann. Inwieweit das gelingt und ob der Bahnhof auch weitere notwendige städtebauliche Strukturmaßnahmen nach sich zieht, muss sich noch zeigen.

Liège-Guillemins, however, is undoubtedly his most impressive work. Here, the art of engineering, coupled with an architecture that overwhelms the beholder, match each other perfectly. No other building of his displays similarly clear shapes and an equally successful interaction between structure and form. Calatrava spanned the gigantic roof not – as is commonly done – transversely to the tracks, but in a longitudinal, i.e. parallel, direction, basing this decision on the provision that railway operations could continue while the required construction process took place, since it became possible to erect the structure in a track-by-track fashion. It is precisely this altered direction of span that leads to unusual perspectives. The fact that the delicate steel arches run parallel to the trains enhances the impression of the floating roof.

The roof's main load-bearing structure consists of 39 steel arches spaced approximately 1.9 metres apart and rigidly joined to transverse beams, which are hardly visible from below so that the entire roof seems like a shell structure. Only in this way does the distinctively light and transparent quality become possible, since the hollow steel profiles of the arches taper towards the apex at a height of only 1.2 metres – notwithstanding a span of 160 metres.

In terms of urban development, a roof span direction in parallel to the tracks allowed the architect to open up the station towards the city along both its longitudinal sides, reconnecting the districts of Guillemins and Cointe, long separated by the railway line, by means of two bridges over the tracks.

Calatrava placed the required infrastructure of the station, including ticket counters, waiting areas, small shops, and snack bars, in a passage below the level of the tracks, lit from above by glass blocks in the train platforms. However, he deliberately refrained from designing it as a shopping mall, as is the case in so many transport buildings today, in order that the space in front of the station can also develop its own life, with cafés, restaurants, and shops. To what extent this has been accomplished, and whether the station will entail further necessary structural measures with respect to urban development remains to be seen.

Namur
18:06 L
9a
Liege-Palais
Liers
18:01 IC
8a
Liège-Guillemins

Liège - Guillemins

Der Bahnhof öffnet sich an beiden Seiten zur Stadt. / The station opens to the city on both sides.

Passage unter den Gleisen mit kleinen Läden / Passage beneath rail tracks, with small shops

Das parallel zu den Gleisen spannende Tragwerk ermöglicht ungewöhnliche Perspektiven. / The support structure parallel to the rail tracks offers unusual perspectives.

„Als wir die stillgelegte High Line das erste Mal entlangliefen, auf einem Pfad, der sich durch Gestrüpp und Gras schlängelte, offenbarte sich uns die alte Bahntrasse mit ihrem wilden Charme. Unser Ziel war es seither, den Charakter dieser verlassenen und von der Natur eroberten Industrielandschaft in durchgängiger Qualität zu erhalten und gleichzeitig die Menschen nach oben zu führen.

Wir alle sind von dem außerordentlichen Erfolg überrascht. Niemand glaubte vorher, dass die High Line so stark genutzt und sogar zur Touristenattraktion werden würde. Während der Planungsphase haben wir uns darauf konzentriert, einen guten Entwurf vorzulegen, der auf die vorhandene Struktur optimal reagiert. Darüber nachzudenken, was wir tun müssen, damit die High Line möglichst populär wird und möglichst viele Menschen anzieht, war für uns kein Thema.

In den Central Park gehen die Leute, um der Stadt zu entfliehen, auf den High Line Park, um sie zu genießen. Natürlich besucht ihn niemand, um die Stadt zu sehen, sondern die High Line selbst; aber wenn sie dann oben sind, erleben sie die Stadt, wie sie sie vorher noch nicht erfahren haben. [...] Auf den Gehsteigen befindet man sich in der Gegenwart. Läuft man aber oben auf der High Line entlang, 30 Fuß höher, erkennt man auf einmal die historische Zeitachse der Architektur, wie man sie auf der Straße unten niemals wahrnehmen würde. Dort verstellen Schaufenster, Reklameschilder und all die anderen nach Aufmerksamkeit heischenden Marginalien den Blick."

Ricardo Scofidio im Interview in DETAIL 12/2011

"When we walked along the disused High Line for the first time, along a route that wound its way through undergrowth and grass, the old railway line revealed itself to us in all its wild charm. Since then, our aim has been to preserve the character of this deserted industrial landscape while at the same time bringing the people up to this level.

All of us are surprised by the exceptional success of the scheme. No one believed beforehand that the High Line would be used so intensively and would become a real tourist attraction. During the planning stage, we concentrated on achieving a good design that would work optimally with the structure as it was. Considering how to make the High Line popular and attract as many people as possible was not something that concerned us.

People go to Central Park to get away from the city. They go to the High Line Park to enjoy it. Nobody goes there primarily to see the city, of course; people want to enjoy the High Line itself. But once they're up there, they experience the metropolis in a way they have not done before. [...] Down on the sidewalk, you're in the present. Walking along up there though, 30 feet higher, you're suddenly aware of the historical timeline of the architecture, in a way you'd never perceive it in the street. Down below, the view is obscured by shop windows, advertising signs and all the other distracting marginalia."

From an interview with Ricardo Scofidio in DETAIL 12/2011

The High Line in New York
The High Line in New York
Diller Scofidio + Renfro, New York

Die High Line wird von einer Konstruktion aus Gusseisen getragen. / The High Line is supported by a cast-iron structure.

Sonntagnachmittag im Frühling: Massen von Menschen drängen sich auf der zum Park umgestalteten ehemaligen Güterbahntrasse im westlichen Manhattan. Alle der hölzernen Liegeeinrichtungen sind bereits belegt. Leicht bekleidete Menschen genießen hier die wärmenden Sonnenstrahlen und beobachten die vorbeiziehenden Leute. Junge Mädchen krempeln die Hosen hoch und waten barfuß durchs Wasser, Kinder verstecken sich hinter Schilf. Die meisten aber gehen einfach spazieren, vorbei an spröder, einstiger Industriearchitektur, dann wieder durch enge Häuserschluchten und über verkehrsreiche Straßen, immer begleitet von faszinierenden Ausblicken auf die entfernter gelegenen Landmarken der Stadt. An verschiedenen Stellen laden abwechslungsreich gestaltete Sitzgelegenheiten zum Verweilen ein, darunter auch das Urban Theater an der Ecke 10. Avenue und 17. Straße, eine Aussichtstribüne, die den gerahmten Blick direkt auf die lebhafte Kreuzung bietet: Hupende Autos, die typischen gelben Taxis, der stete Fluss des Verkehrs – wer hätte gedacht, welch meditative Wirkung so einer Szenerie innewohnen kann.

Inspiriert von der Ästhetik des gusseisernen Tragwerks und der überwucherten Bahngleise entwickeln die Architekten Diller Scofidio + Renfro und die Landschaftsplaner James Corner Field Operations zusammen mit Piet Oudolf das Konzept eines Parks, der entlang der früheren Bahnstrecke eine Abfolge architektonischer und landschaftlicher Elemente bietet. Wo einst neun Meter über dem Straßenniveau mit Schlachtfleisch und anderen Lebensmitteln beladene Güterzüge rollten, wechseln sich heute blühende Beete mit Petunien und Astern mit schattigen Baumgruppen oder baulich gestalteten ruhigen Nischen sowie mit Treff- und Aussichtspunkten ab. Das wiederkehrende Motiv bildet dabei der Bodenbelag aus schmalen, linear verlegten Betonfertigteilen, die sich mit ihren konisch zulaufenden Enden

It's a Sunday afternoon in spring: Crowds of people flock onto the former freight-train line in western Manhattan, which has been converted into a park. All the wooden seating and reclining facilities are full; lightly clad people are enjoying the warm sunshine amidst the passing crowd; young girls roll up their trousers, wading barefoot through water, while children play hide and seek in the reeds. Most people, however, just go for walks, passing by brittle, former industrial architecture, narrow mazes of houses, and over busy roads, always also including fantastic views of the more distant landmarks of the city. At different locations, varied seating invites visitors to linger, including the Urban Theater at the corner of 10th Avenue and 17th Street: a viewing platform offering framed and direct views of the lively crossing with its honking cars, ubiquitous yellow taxis, and steady flow of traffic; who would have thought what a meditative effect such a scenery can have.

Inspired by the aesthetics of the cast-iron support structure and the overgrown railway tracks, the architects Diller Scofidio + Renfro and the landscape planners James Corner Field Operations, together with Piet Oudolf, developed the concept of a park comprising a sequence of architectural and landscape elements along the former railway line. Where freight trains once rolled nine metres above street level, laden with slaughtered meat and other foods, today blossoming flowerbeds with petunia and asters alternate with shade-giving groups of trees, or with tranquil, architecturally designed niches, and with meeting areas and viewpoints. The recurring motif consists of flooring made of narrow, linearly placed precast concrete parts whose conically-pointed ends interlock with both the flowerbeds and the railway tracks, thereby creating a fluid transition between the paving and the vegetation.

mit den Pflanzbeeten ebenso wie mit den wiederverlegten Eisenbahnschienen verzahnen und damit einen fließenden Übergang zwischen Pflasterung und Vegetation schaffen.

Noch vor Fertigstellung des dritten Bauabschnitts im Jahr 2014 ist die High Line bereits in jedem New York-Reiseführer zu finden und längst eine der größten Attraktionen der Stadt. Perfekt trifft sie das aktuelle Lebensgefühl und wird zum Vorbild für ähnliche Orte in anderen Städten. Doch sie trägt auch nicht unwesentlich dazu bei, die Viertel um sich herum zu verändern. Der Meatpacking District, in dem die High Line beginnt und Hell's Kitchen, wo der Park endet, haben sich von heruntergekommenen Industriebereichen zu teuren Szenevierteln gewandelt und im mittleren Abschnitt in Chelsea sprießen seit einigen Jahren Wohntürme mit Luxusapartments wie Pilze aus dem Boden. Shigeru Ban hat sich hier mit einem Prestigeprojekt ebenso verewigt wie Jean Nouvel. Anwohner, die sich die teuren Preise nicht leisten können, werden zusehends verdrängt.

Die High Line, die sich über eine Länge von 2,5 Kilometern durch die West Side Manhattans schlängelt, war einst errichtet worden, um den zunehmenden Güterverkehr von der Straße zu verbannen. Gleichzeitig ermöglichte sie, dass die Züge direkt in die Fabriken und Lagerhäuser der ehemaligen Gewerbegebiete einfahren konnten. 1980, als der Warentransport sich zunehmend auf den Lastwagen verlagerte, wurde sie stillgelegt und war schon zum Abbruch bestimmt. Doch dann entdeckten einige Anwohner ihre verborgene Schönheit und gründeten die Initiative „Friends of the High Line" mit dem Ziel, die alte Trasse zu erhalten und einer neuen Nutzung zuzuführen. Ihr jahrelanges Engagement hat sich mehr als gelohnt. Letztendlich hat der gigantische Erfolg des Projekts nicht nur die Initiatoren selbst, sondern auch die Architekten und Planer überrascht.

Even before the third construction phase was completed in 2014, the High Line Park could be found in every New York travel guide, and has long since become one of the city's greatest attractions. It perfectly corresponds with the current attitude towards life, and is turning into a model for similar locations in other cities. At the same time, it makes a significant contribution towards transforming the neighbourhoods around it. The Meatpacking District, where the High Line starts, and Hell's Kitchen, where it ends, have transformed from run-down industrial areas to expensive, trendy neighbourhoods, while in the middle section in Chelsea, residential towers with luxury apartments have popped up like mushrooms over the last couple of years. Shigeru Ban has built a prestigious structure here, as has Jean Nouvel. Residents who are unable to afford the high prices are being increasingly displaced.

The High Line, which winds across Manhattan's West Side over a length of 2.5 kilometres, had initially been built to separate the growing freight traffic from that on the street. At the same time, it permitted trains to directly access the factories and warehouses in the former industrial areas. In 1980, at a time when freight transport was increasingly shifted to lorries, it was shut down and had already been earmarked for demolition. Then, however, some residents discovered its hidden beauty, and founded the initiative "Friends of the High Line" with the goal of preserving the old line and finding a new use for it. Their longstanding commitment over many years has more than paid off. Ultimately, the phenomenal success of the project came as a surprise not only to the initiators themselves, but also to the architects and planners.

Luxuswohngebäude säumen die High Line in Chelsea. /
Luxury houses along the High Line in Chelsea.

Der neue Bodenbelag ist mit dem Grünraum verzahnt. /
The new paving meshes with the green space.

Üppige Vegetation inmitten der Stadt /
Lush vegetation in the city centre

An verschiedenen Stellen wird die Stadt zur Bühne. /
In different places, the city becomes a stage

„Uns ist es sehr wichtig, mit unserer Architektur Atmosphären zu schaffen, gleichzeitig wollen wir Räume, die sich die Menschen selbst aneignen können. Das Rolex Learning Center ist wie ein Park in der Stadt, der jedermann einlädt, hereinzukommen und sich frei zu bewegen. Es gibt keine Wände, ebenso hört der Raum nirgendwo auf. Jedes Mal, wenn wir dort hinkommen, erfreuen wir uns daran, wie die Menschen den Raum in Besitz nehmen.

Bei SANAA pflegen wir eine sehr demokratische Arbeitsweise, wir beginnen jedes Projekt mit einer Diskussion, in die wir alle am Projekt beteiligten Mitarbeiter einbeziehen. Der Computer ist für uns ein Entwurfswerkzeug neben anderen. Manchmal starten wir ein Projekt gleich am Computer, manchmal auch mit Skizzen von Hand und begleitend sind in jeder Entwurfsphase auch Arbeitsmodelle sehr wichtig."

Kazuyo Sejima und Ryue Nishizawa in einem Gespräch mit dem Autor im Dezember 2012

"It is very important for us to create atmospheres with our architecture, but at the same time we want spaces that people can adopt themselves. The Rolex Learning Center is like a park in the city that invites anyone to come in and move around freely. There are no walls, and the space doesn't end anywhere. Every we go there we delight in how people take possession of the space.

At SANAA we have a very democratic way of working, we start each project with a discussion in which we involve all the employees who are part of the project. The computer is for us one design tool among others. Sometimes we start a project at the computer, sometimes also with sketches by hand, and work models are also very important as additional tools in every design phase."

From a conversation between Kazuyo Sejima and Ryue Nishizawa with the author in December 2012

Kazuyo Sejima, Ryue Nishizawa

Rolex Learning Center in Lausanne

Rolex Learning Center in Lausanne

SANAA, Tokio / Tokyo

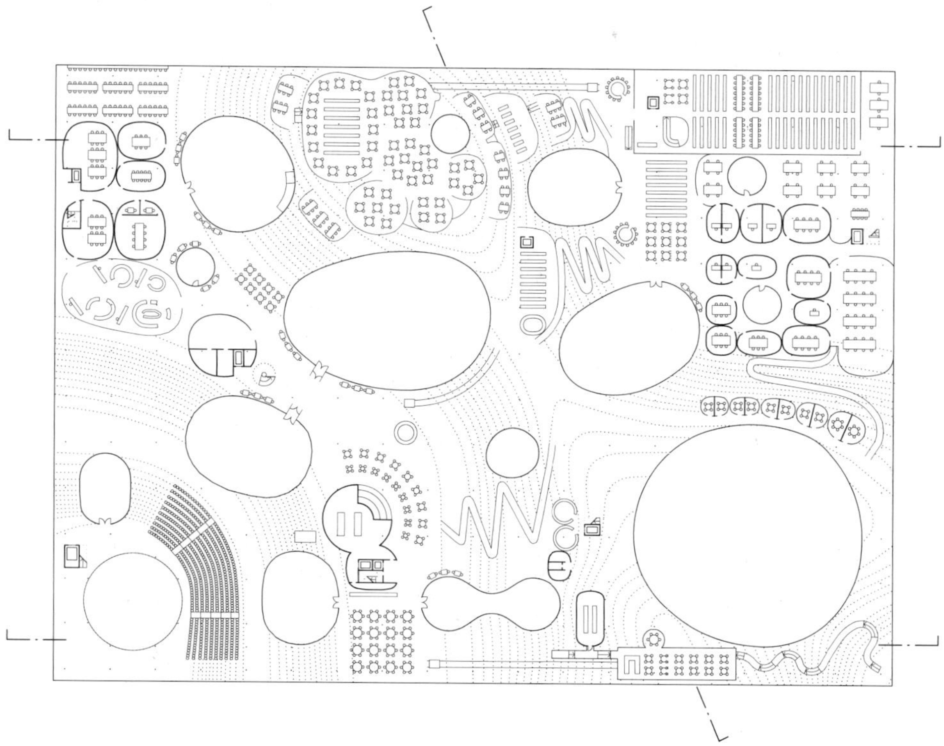

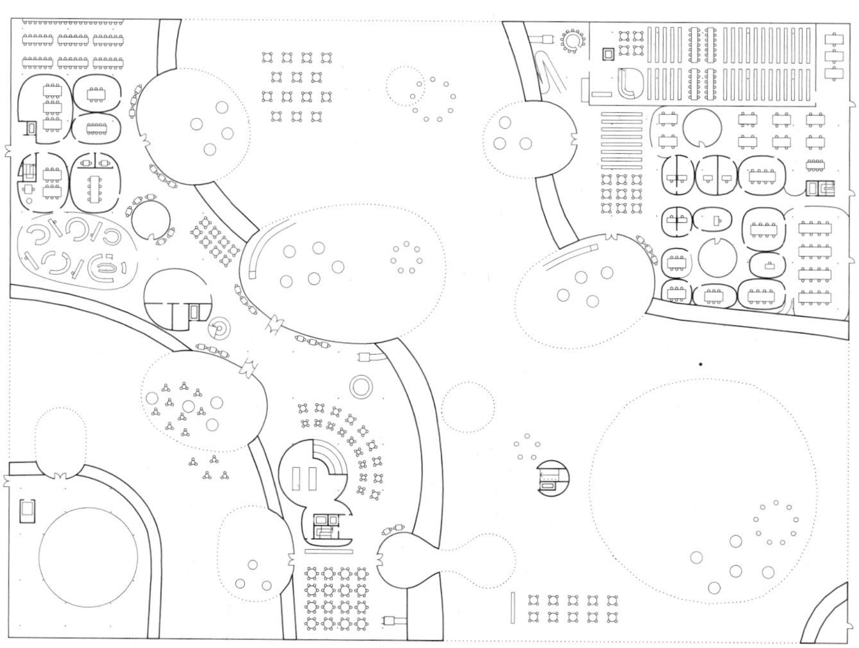

Schnitte, Maßstab 1:1500 / Sections, scale 1:1,500

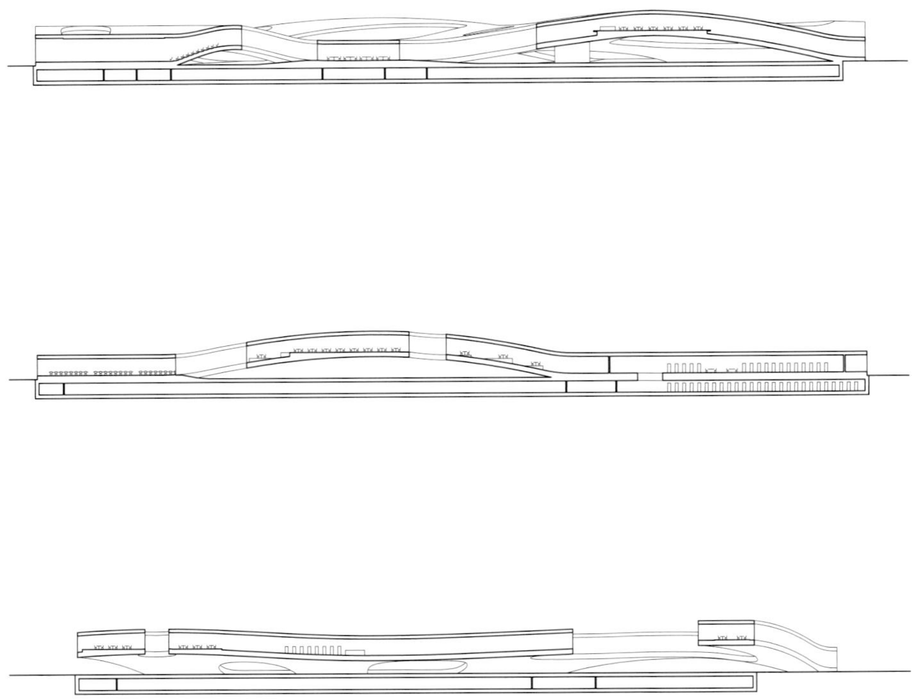

Die neue von Kazuyo Sejima und Ryue Nishizawa entworfene Universitätsbibliothek der École polytechnique fédérale de Lausanne (EPFL) ist vor allem eins: ein in Glas und Beton umgesetztes Manifest. Und ebenso wie bei Toyo Itos berühmter Mediothek in Sendai war das gewissermaßen auch hier bereits im Wettbewerbsprogramm so angelegt. Denn die Hochschule und ihr damaliger ehrgeiziger Präsident Patrick Aebischer wollten eine Bibliothek, die in die Zukunft weist. Einen für alle offenen Ort, der das Lernen und den wissenschaftlichen Austausch des 21. Jahrhunderts symbolisiert. So sollte ein attraktives neues Zentrum für den bislang überwiegend monotonen Campus entstehen, das Studierende ebenso wie Mitarbeiter der EPFL gern besuchen, und das gleichzeitig die Werte der Universität wie Offenheit, Transparenz und Miteinander ausdrückt. Ein Bauwerk, das zum gemeinschaftlichen Arbeiten und zum fächerübergreifenden informellen Austausch anregt, aber auch dazu, traditionelle Denkmuster zu verlassen – und das vielleicht sogar noch dabei hilft, internationale Spitzenforscher anzuziehen.

Kazuyo Sejima hatte einige Jahre bei Toyo Ito gearbeitet, bevor sie 1987 zunächst ihr eigenes Büro und dann 1995 zusammen mit ihrem bisherigen Mitarbeiter Ryue Nishizawa SANAA gründete. In ihren eigenen Bauten entwickelt sie Toyo Itos Ideen weiter, weshalb es kaum verwundert, dass sie und ihr Partner in Lausanne nun eine ähnliche Herangehensweise zeigen wie Ito zuvor in Sendai. Wie dieser setzen Sejima und Nishizawa auf den kontinuierlichen Raum und versuchen, die Grenze zwischen Gebäude und Umgebung zu verwischen. Und trotzdem ist ihr Ergebnis frappierend anders. Denn wo Ito den Raum aus Platzgründen auf verschiedene Geschosse verteilen muss, kann ihn SANAA auf einer einzigen Ebene, oder genauer gesagt in einem einzigen Geschoss organisieren. Dieses Geschoss gestalten die Architekten als eine künstliche Topographie, eine schwungvolle Landschaft aus Hügeln und Niederungen, mit stetem Auf und Ab, die von 14 verglasten Patios nterbrochen wird. Ohne jegliche räumliche Trennung sind hier neben der Bibliothek und den Lesebereichen auch ein Restaurant und eine Cafeteria, ein Shop sowie ein Auditorium für bis zu 600 Personen untergebracht. Nur einzelne Seminar- und Rückzugsräume sowie die Büros der Mitarbeiter befinden sich in verglasten Bubbles, die von dem Gesamtraum umspült werden. Da Boden und Decke jeweils die gleiche Höhenbewegung vollführen, ergibt sich von außen das Bild eines scheinbar schwerelos über dem Boden schwebenden Sandwichs aus zwei dünnen Schalen und

The new university library of the École polytechnique fédérale de Lausanne (EPFL), designed by Kazuyo Sejima and Ryue Nushizawa is above all one thing: a manifesto in glass and concrete. As in the case of Toyo Ito's famous mediatheque in Sendai, the manifesto-like quality appeared to be integral to the competition programme. The university, and its ambitious president, Patrick Aebischer, had likewise wanted a library that would point to the future; a place, open to all, symbolising 21st-century learning and scientific exchange. The idea was to create an attractive new centre for the hitherto largely monotonous campus, which both the students and staff of the EPFL would enjoy to visit, and which would simultaneously express the university's values of openness, transparency, and togetherness; a building which would inspire collaborative working and informal interdisciplinary exchange, depart from traditional thought patterns, and perhaps even help in attracting top international researchers.

Kazuyo Sejima had worked with Toyo Ito for a few years before initially establishing her own office in 1987, and SANAA in 1995, together with her colleague, Ryue Nishizawa. In her buildings, she further develops Toyo Ito's ideas, which is why it hardly comes as a surprise that the duo displayed a similar approach in Lausanne as Toyo Ito had in Sendai. Like Ito, Sejima and Nishizawa counted on a continuous space, attempting to blur the boundary between the building and its surroundings, though the result is strikingly different in Lausanne: Whereas Ito had to distribute the premises over various floors for reasons of space, SANAA was able to organise them on a single level, or put more precisely, in a single storey. It is this storey which the architects design as an artificial topography – an undulating landscape of hills and recesses, steadily going up and down, and interrupted by 14 glazed patios. Dispensing with all spatial separations, the library and reading areas are accompanied by a restaurant, a cafeteria, a shop, and an auditorium for up to 600 persons. Only individual seminar and retreating rooms, as well as staff offices, are located in glass "bubbles" bounded by the overall space. Since the floor and the ceiling always perform the same movement in height respectively, the impression from the outside is one of a sandwich comprising two thin shells and a glass filling, seemingly floating weightlessly above

gläserner Füllung. Dieses wölbt sich an verschiedenen Stellen so weit nach oben, dass man darunter hindurchgehen kann. Damit gelingt es den Architekten, dem dahinterliegenden Campusteil den Bezug zum Genfer See zu erhalten und gleichzeitig einen von allen Seiten erreichbaren Eingang in einen Hof in Gebäudemitte zu legen. Im Inneren aber ergeben sich von den Hochpunkten, wie in einer wirklichen Landschaft von den Kuppen der Hügel, Ausblicke in alle Richtungen. Auf das angrenzende gestaltlose Gewerbegebiet ebenso wie zum See und bei guter Sicht sogar bis hin zum dahinterliegenden Mont Blanc.

Natürlich lässt sich ein derartiges Konzept zusammen mit der erwünschten Leichtigkeit und Transparenz nur durch eine ingenieurtechnische Meisterleistung und entsprechend hohe finanzielle Mittel erreichen. Und auch der Bauunterhalt ist angeblich alles andere als kostengünstig. Doch Experimente sind meist etwas teurer und für eine derart zukunftsweisende Architekturikone erscheinen die Ausgaben von 120 Millionen Euro durchaus vertretbar. Zumal mehr als die Hälfte der Summe von Sponsoren aufgebracht wurde. Ob das neuartige Lern- und Kommunikationskonzept allerdings funktioniert, muss sich noch zeigen. Auch gut sechs Jahre nach Eröffnung wirken große Bereiche der künstlichen Landschaft erstaunlich leer und scheinen auf ihre Bestimmung zu warten. Und dass der vollkommen freie Bewegungsfluss im Raum nicht zu einhundert Prozent mit einer Bibliothek und den darin vorhandenen Büchern vereinbar ist, verdeutlichen die vom Nutzer angebrachten Abgrenzungen mit schwarzen Absperrbändern und Topfpflanzen. Doch trotz solch kleinerer Mankos beeindruckt das nach dem Hauptsponsor benannte Rolex Learning Center mit großartigen Raumqualitäten. Mit seiner vollkommen neuen Interpretation von Raum gibt es der aktuellen Architektur maßgebliche Impulse. Seinen Architekten aber verhilft das Gebäude noch im Jahr der Fertigstellung 2010 zum Pritzker-Preis. Ryue Nishizawa, damals gerade 43 Jahre alt, kann die Auszeichnung als bislang jüngster Preisträger entgegennehmen und Kazuyo Sejima als die erst zweite Architektin nach Zaha Hadid. Den bislang eher trostlosen Campus der EPFL jedoch bringt die neue Bibliothek als eines der weltweit meist beachteten Bauwerke der letzten Jahre schlagartig auf die Landkarte der Architekturtouristen. Weitere Highlights in ihrer unmittelbaren Nachbarschaft, wie Dominique Perraults Umbau der bisherigen Bibliothek zur EPFL-Hauptverwaltung oder das im Frühjahr 2017 eröffnete ArtLab von Kengo Kuma, kamen kürzlich hinzu.

the ground. At various points, the floor bends up to such an extent that one can walk through beneath it. In doing so, the architects succeed in maintaining the rear campus part's link to the lake, and simultaneously position an entrance, accessible from all sides, in a courtyard in the centre of the building. Inside the building, in turn, as in an actual landscape containing crests of hills, views to all sides are created at its high points, including of the adjoining amorphous industrial zone, of Lake Geneva, and, on a clear day, even up to the Mont Blanc behind.

Such a concept, coupled with the desired lightness and transparency could, of course, only be realised by feats of engineering and correspondingly high financial means. The maintenance of the building is supposed to be anything but economical. However, experiments are usually somewhat more expensive, and for such a pioneering architectural icon, the cost of €120 million by all means seems reasonable, especially because more than half the sum was raised by sponsors. Whether the new learning and communication concept will work too remains to be seen. Even more than six years after its opening, large areas of the artificial landscape seem surprisingly empty, appearing to await their purpose. The fact that that a completely unimpeded flow of movement in space cannot be fully reconciled with the function of a library and the books it contains, is demonstrated by users' demarcations, consisting of black barrier tape, and potted plants. However, in spite of such minor drawbacks, the Rolex Learning Center, named after its main sponsor, impresses on account of its marvellous spatial qualities. With its totally new interpretation of space, it gives vital impulses to contemporary architecture. The building helped its architects win the Pritzker Prize in the year of its completion in 2010. Ryue Nishizawa, then just 43 years old, became the youngest recipient of the award at the time, and Kazuyo Sejima the second female architect to do so after Zaha Hadid. For the hitherto rather cheerless campus of the EPFL, the new library, being one of the globally most noted buildings of recent years, firmly secures it a place in the itinerary of architecture tourists. Further highlights in its immediate vicinity, such as Dominique Perrault's conversion of the former library into EPFL's administrative headquarters, or Kengo Kuma's ArtLab, which opened in spring 2017, have recently been added.

Das stete Auf und Ab des Gebäudes ermöglicht den Eingang in der Mitte. / The building's constant up and down facilitates the entrance in the middle

Den topographisch gestalteten Raum können sich die Benutzer selbst aneignen. / Users can adopt the topographically designed space themselves

Foyer mit filigranen Glastreppen / Foyer with delicate glass stairs

Kongresszentrum in Cartagena
Congress Centre in Cartagena
selgascano, Madrid

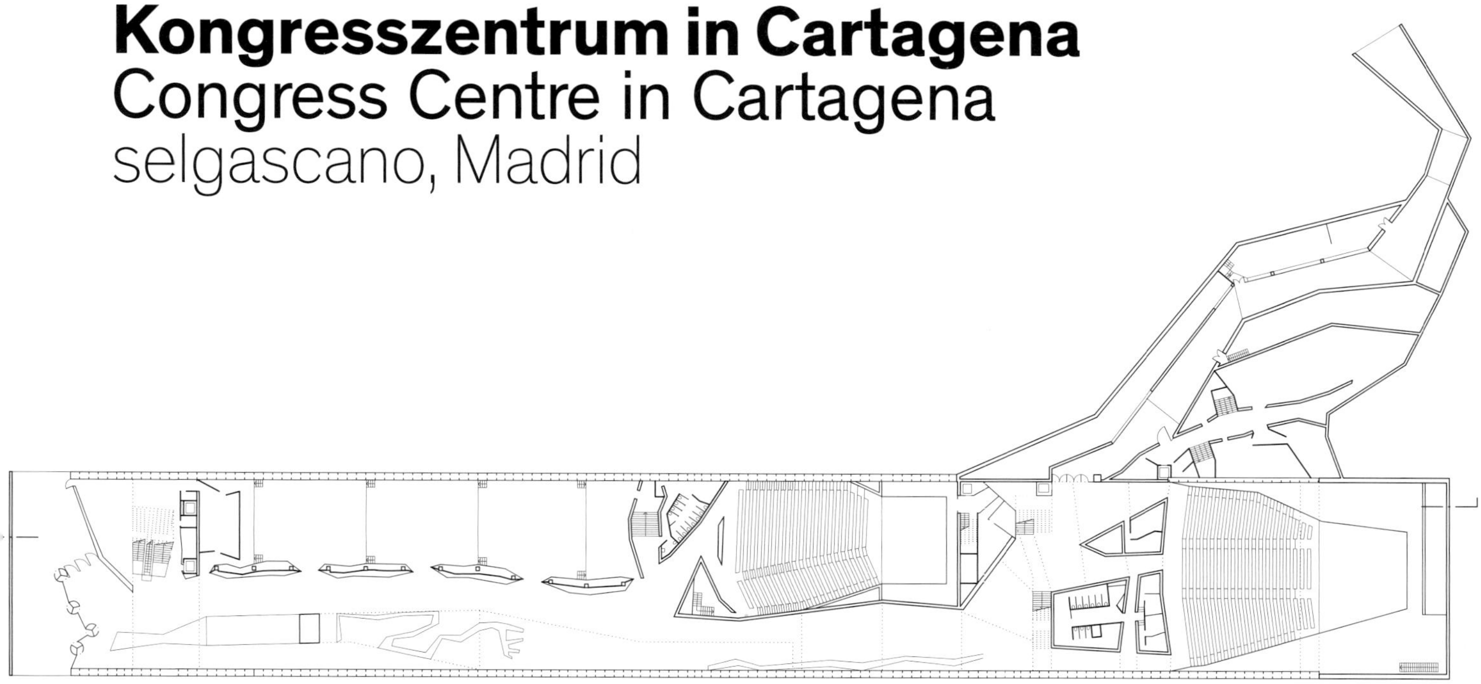

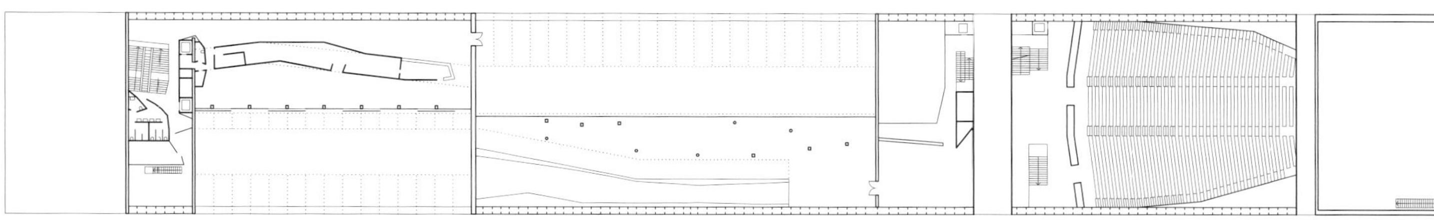

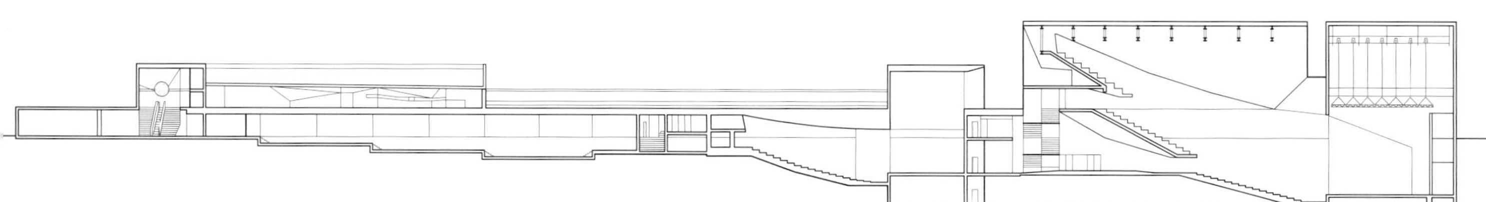

„El Batel“, das 2012 eröffnete neue Kongresszentrum im südspanischen Cartagena, ist ein Manifest für die Farbe in der Architektur, aber auch für den spielerischen Einsatz preiswerter, industriell gefertigter Materialien sowie die Verwendung einfacher Details.

Bereits im Jahr 2000 gewinnen die damals noch weitgehend unbekannten Madrider Architekten José Selgas und Lucía Cano den Realisierungswettbewerb für das Kongresszentrum. Mitten im spanischen Immobilienboom will die Stadt Cartagena durch die Umgestaltung ihres ehemaligen Militärhafens sowie verschiedene Infrastrukturprojekte an Attraktivität für Touristen gewinnen. Doch dann ziehen sich die Planungs- und Bauzeit noch mehr als ein Jahrzehnt hin. Zunächst gibt es Proteste gegen den privilegierten Standort direkt am Wasser, anschließend kommt es zum unvermeidlichen Platzen der Spekulationsblase infolge der globalen Wirtschaftskrise von 2008. So kann der schließlich vollendete Bau durchaus als aufmunterndes Zeichen dafür gesehen werden, dass sich eine sinnvolle städtebauliche Strukturmaßnahme sowie herausragende Gestaltung, ja sogar eine ausgesprochen heitere Atmosphäre, auch mit einfachen Mitteln realisieren lassen. Denn es gelingt den Architekten beispielhaft, einen normalerweise eher leblosen Kongressbau in einen städtischen Ort mit innenräumlicher Erlebnisqualität zu verwandeln.

Insgesamt 210 Meter streckt sich ihr kistenförmiger Baukörper in die Länge, der im Westen die Höhe des benachbarten Museumsbaus aufnimmt, nach Osten aber, zum großen Auditorium hin, höher wird. Gleichzeitig entwickelt er sich hier, von außen nicht sichtbar, auch in die Tiefe. Mit der Geradlinigkeit der Mole ebenso wie mit der ruhigen Flächigkeit des Ozeans begründen selgascano die strikte Horizontalität des Gebäudes, die sie mit verschiedenen Einschnitten geschickt aufbrechen. Vor allem aber mit der dezent farbigen, transluzenten Außenhaut aus Kunststoff verleihen sie dem Ganzen – trotz der rigiden Form – eine vornehme Leichtigkeit. Verstärkt wird dieser Eindruck bei Nacht, wenn die vollflächig mit LEDs bestückten Fassaden

"El Batel", the new convention centre in the southern Spanish city of Cartagena, which opened in 2012, is a manifesto for the use of colour in architecture, but also for the playful application of inexpensive, industrially produced materials as well as the use of simple details. Already in the year 2000, the then still relatively unknown architects José Selgas and Lucía Cano from Madrid had won the realisation competition. In the midst of the Spanish real-estate boom, the city of Cartagena wanted to redevelop its former military port as well as construct various infrastructure projects to enhance its attractiveness for tourists. Subsequently, however, the planning and construction period dragged on for over a decade. Initially, there were protests against using the privileged location directly by the water, followed by the inevitable bursting of the speculation bubble in the wake of the global economic crisis in 2008. Against this background, the finally completed building can by all means be seen as an encouraging sign that a sensible structural urban development measure as well as outstanding design – and even a distinctly cheerful atmosphere – are realisable using simple means, as the architects exemplarily succeeded in turning a normally rather lifeless convention centre into a place for the city and an interior design experience.

The box-shaped building is strung out over a length of 210 metres, aligning with the height of the adjacent museum building in the west, and increasing in height towards the east and the large auditorium; at the same time and not visible from the outside, it also gains depth. The straightness of the pier and the calm flatness of the ocean underline the strict horizontality of selgascano's building, which they skilfully broke up with various incisions. Above all, however, using the gently coloured, translucent outer skin of plastic, the architects succeeded in giving the ensemble an elegant lightness in spite of its rigid form. This effect is heightened at night, when the facades,

das Haus in einen riesigen Leuchtkörper verwandeln. Für die zweischaligen Fassaden verwenden die Architekten außenseitig UV-beständige, witterungsfeste Acrylglasplatten und feuerbeständiges Polycarbonat an der Innenseite, jeweils in wellenförmigen Elementen. Diese preiswerten und recycelbaren Baustoffe sind regional verfügbar, da in Cartagena, das von Tausenden von Gewächshäusern umgeben ist, Europas größter Hersteller für diese Baustoffe seinen Sitz hat.

Beim Betreten des Gebäudes an seiner Stirnseite taucht der Besucher unvermittelt in ein Universum aus Licht und Farbe ein. Es sind vor allem kräftige Rot-, Gelb- und Orangetöne, die im Kontrast stehen zur durchschimmernden Hülle und den dezent weißen Betonflächen. Zusammen mit den schräg gestellten Einbauten, den polygonalen Öffnungen, den abgehängten Stegen sowie einer Kaskade leichter Glastreppen am Ende der Rampe verleihen sie dem längs gerichteten Foyer eine geradezu spielerische Leichtigkeit. An dessen Ende hingegen – im 15 Meter tief in den Boden eingegrabenen Auditorium – fühlt sich der Besucher dank der Verkleidung aus Kunststoffprofilen in unterschiedlichen Blau- und Türkistönen tatsächlich beinahe wie von Meerwasser umgeben.

Mittlerweile ist die Verwendung transluzenter Kunststoffe zusammen mit kräftigen Farben längst zum Markenzeichen von José Selgas und Lucía Cano geworden. Sie finden sich im eigenen Büro in Madrid, das als eine Art Experimentallabor dient, ebenso wie in den vielfach publizierten Second Home Offices in der britischen Hauptstadt. Ihr Publikum regelrecht zu verzaubern, das schaffen sie mit ihrem Serpentine Pavillon 2015 in London. Bei dieser im Vergleich zu den teilweise aufwendigen Vorgängerbauten internationaler Architekturgrößen ausgesprochen einfachen Konstruktion, gelingt es ihnen, ein faszinierendes Wechselspiel aus changierenden Farben sowie von Transparenz und Transluzenz zu erzeugen. Und das lediglich mit einfachen, sich im Wind bewegenden Plastikfolien. Eine ausgesprochen fröhliche Stimmung war garantiert.

fully covered with LEDs, turn the building into a huge luminous body. For the double-shell facades, the architects used UV-resistant, weatherproof acrylic sheets on the outside, and fire-resistant polycarbonate on the inside, in the form of wave-like elements in each case. These inexpensive and recyclable building materials are available regionally, since Cartagena, which is surrounded by thousands of greenhouses, is home to the headquarters of Europe's largest manufacturer of polycarbonate.

On entering the building on its front side, visitors suddenly find themselves immersed in a universe of light and colour, particularly consisting of intense red, yellow, and orange tones, which contrast with the gleaming shell and the understated white concrete surfaces. Coupled with the diagonally placed installations, polygonal openings, suspended walkways, as well as a cascade of light glass stairs at the end of the ramp, the colours give the longitudinally-aligned foyer a downright playful lightness. By contrast, at its termination in the auditorium, which is dug 15 metres deep into the ground, and thanks to the plastic profile cladding in different blue and turquoise tones, visitors actually almost feel as if they are surrounded by seawater.

In the meanwhile, the use of translucent plastics combined with intense colours has become a hallmark of José Selgas and Lucía Cano. These elements are found in their own office in Madrid, which serves as a kind of experimental laboratory, as well as in the widely published Second Home offices in London. They manage to veritably enchant their audience with their Serpentine Pavilion in London in 2015. With its structural simplicity compared to the partly elaborate preceding buildings by internationally acclaimed architects, they succeeded in creating a fascinating interplay of changing colours, transparency, and translucence – and that too by using only simple plastic foils swaying in the wind, guaranteeing a distinctly cheerful mood.

Der langgestreckte, in der Höhe gestaffelte Baukörper liegt an prominenter Stelle am Wasser. / The long, staggered building is at a prominent point on the water's edge

Die subtil gefärbte, lichtdurchlässige Außenhaut / The subtly coloured, translucent outer skin

Großes Auditorium / Large auditorium

Steg im langgestreckten Foyer / Suspended walkway in the long foyer

„Wir haben uns intensiv mit der Frage beschäftigt, wie man einen derart großen Bürobau, also eine Monostruktur in die Stadt implantieren kann, wenn es gleichzeitig darum geht, Urbanität zu erzeugen. Außerdem war es uns sehr wichtig, gleichwertige Arbeitsplätze für alle 5000 Mitarbeiter zu schaffen. Und gerade dafür war die vorgegebene Blockrandbebauung die falsche Voraussetzung. Wir haben dann lange daran gearbeitet, diese aufzubrechen.

Eigentlich hätten diese Fassaden gar nicht in Holz gebaut werden dürfen, da im Hochhausbereich Fassaden nur aus nicht brennbaren Materialien bestehen dürfen. Fenster aber darf man in Holz bauen, und so haben wir eben unzählige Fenster aneinander gereiht. Für die Anmutung – im Stadtraum wie im Inneren – hat das Holz einen ganz besonderen Effekt.

Der Wettbewerb für den Erste Campus fand vor acht Jahren statt. Damals sah die Arbeitswelt noch anders aus, aber auch die Vorstellung, wie in dem Unternehmen gearbeitet werden soll. Also haben wir ein hochflexibles Gebäude entwickelt, das Einzelraum- und Kombibüros ebenso aufnehmen kann wie ein Großraumbüro. Wir sind der Meinung, dass Häuser so robust gebaut werden müssen, dass sie nicht nur den heutigen, sondern auch zukünftigen Entwicklungen Raum geben. Deshalb haben wir auch Vorbehalte gegenüber gewissen Büro-Consultants, die ganz genaue Raumprogramme für jeweils eine spezielle Arbeitssituation festschreiben wollen.“

Dieter Henke und Marta Schreieck im Interview in DETAIL 9/2016

"We explored the question of how a huge office monostructure of this kind could be implanted in the city, when there is also the goal of creating a sense of urbanity. What's more, for us it was important to design workplaces of equal quality for all 5,000 members of the staff. For that reason, we saw the proposed block perimeter development as the wrong solution. We worked for a long time on breaking this up.

These facades could not normally have been built with wood, because in high-rise structures, the facades have to be constructed with non-combustible materials. On the other hand, windows may be built of wood, so we lined up endless numbers of them. The impression timber creates – in respect of the urban surroundings and also internally – is quite special.

The competition for the Erste Campus was held eight years ago. In those days, the working environment was quite different, as were ideas about how people worked in companies. We therefore developed a flexible building that can accommodate individual office spaces, combined areas and open-plan facilities. Structures should be built to a robust concept, so that they not only meet today's needs, but will be viable in the future, too. That is also why we have reservations about certain office consultants who want to define very rigid space allocation plans for very particular work situations."

From an Interview with Dieter Henke and Marta Schreieck in DETAIL 9/2016

Headquarter Erste Campus in Wien
Erste Campus Headquarters in Vienna
Henke Schreieck Architekten, Wien / Vienna

Haupteingang

Es gehört viel Mut zum Risiko dazu, in einem wichtigen internationalen Wettbewerb den als verbindlich vorgegebenen Masterplan vollkommen zu negieren und mit hohem Aufwand ein städtebauliches Gegenmodell zu entwickeln. Für das Wiener Architektenduo Dieter Henke und Marta Schreieck hat sich dieser Mut beim Entwurf des Erste Campus letztendlich doppelt gelohnt. Trotz starkem Gegenwind und dem drohenden Ausschluss schon zu Beginn, gewinnen sie schließlich das Auswahlverfahren im September 2008 nach der dritten Stufe und können einige Jahre später auch mit dem fertigen Gebäude vollkommen überzeugen.

Denn ihr Erste Campus – das neue Headquarter der gleichnamigen österreichischen Bank – ist ein Bürobau von ganz besonderer Art. Nur selten zeigt sich die Zentrale eines großen Konzerns dermaßen stark als Bestandteil des urbanen Lebens und drückt das auch in ihrer Architektur aus. Auch unter gestalterischen Gesichtspunkten ist sie eine wirkliche Bereicherung für ihre Umgebung. Gleichzeitig gelingt es den Architekten, einen anspruchsvollen Bürobau mit gleichwertigen Arbeitsplätzen für alle der rund 5000 Mitarbeiter zu schaffen und konstruktiv sowie hinsichtlich der verwendeten Materialien Maßstäbe zu setzen. Es gibt wenige derart komplexe und große Bauten, die vom Städtebau bis ins Detail gleichermaßen beeindrucken.

Eigentlich hatte der Masterplan die Weiterführung der westlich an das Grundstück angrenzenden Blockrandbebauung verlangt. Diese transformieren Henke Schreieck indes zu einem Ensemble aus frei verteilten geschwungenen und in der Höhe gestaffelten Baukörpern. Dabei entwickeln sie ihre organischen Freiformen, die dem Ganzen etwas spielerisch Leichtes verleihen, nicht aus der schieren Lust zum Spektakel, sondern rein aufgrund funktionaler Aspekte. Denn nur mit diesen Freiformen gelingt es ihnen, den Gebäudekomplex zur Stadt hin zu öffnen und das Grün des im Osten angrenzenden Parks „Schweizergarten" mit der neu entwickelten inneren Landschaft zu verknüpfen. Vor allem aber können die Architekten nachweisen, dass auf dem engen Grundstück nur mit dieser Anordnung wirklich jeder Mitarbeiter einen gleichermaßen hellen Arbeitsplatz mit Ausblick sowohl zur Stadt als auch in den Grünraum erhält.

Durch die spezielle Geometrie der Baukörper, deren Maßstäblichkeit, Höhenstaffelung und Anordnung gehen Bauwerk und Stadtraum nun fließend ineinander über. Der Campus wird ein Teil der Stadt – das unterstreicht auch

It takes a great deal of courage to take the risk of completely negating a binding master plan and investing great effort to develop an urban planning-based counter-model. For the Viennese architects Dieter Henke and Marta Schreieck, the courage they displayed finally doubly paid off in the design of the Erste Campus. In spite of stiff opposition and the risk of early disqualification, they finally won the selection procedure in September 2008 following the third stage, and were able to convince sceptics by presenting the completed building a few years later.

Their Erste Campus, the new headquarters of the eponymous Austrian bank, is a highly unique office building. Rarely do large corporate headquarters display such a strong sense of integration with urban life and express this in its architecture, which – also from the design viewpoint – is a true enrichment for its surroundings. At the same time, the architects succeeded in creating a sophisticated office building with equivalent workplaces for all its roughly 5,000 employees, while setting new standards in terms of construction and applied materials. Few such large, complex buildings manage to make an impression with respect to both urban planning and their attention to detail.

The master plan had originally demanded the continuation of the perimeter block development adjoining the plot on the western side. The architectural practice of Henke Schreieck transformed this into an ensemble of freely distributed, curved building structures with staggered heights. In doing so, they also developed their organic free-form shapes, resulting in a playful lightness that doesn't stem from a sheer indulgence in spectacle but rather from functional aspects, since these free-form shapes allowed the architects to open up the building complex towards the city, and link the greenery of the park on the eastern side (Schweizergarten) with the newly developed interior landscape. In particular, the architects were able to prove that this was the only arrangement which offered an equally well-lit workplace to every employee on the narrow plot, with views of both the city and the green space.

Due to the unique geometry of the building units, including their proportionality, staggered heights, and arrangement, the building and the urban space seamlessly merge into each other;

Landschaftsdach über dem Atrium / Landscaped roof above atrium

Atrium mit angrenzenden Lichthöfen / Atrium with adjoining cortiles

funktional das öffentlich zugängliche zweigeschossige Atrium. Dieses räumliche und kommunikative Zentrum bietet mit seinen eingeschnittenen Innenhöfen, Brücken und Treppen nicht nur ein besonderes Raumerlebnis, vielfältige Blickbeziehungen und Erschließungsmöglichkeiten, sondern erinnert mit Cafés und Imbissbereichen, seinen kulturellen Nutzungen sowie den zahlreichen Gelegenheiten zum Sitzen tatsächlich an einen lebendigen Stadtplatz. Nicht zuletzt wird seine Atmosphäre auch von der in traditioneller Handwerkstechnik aufgebrachten Kalkglättebeschichtung der Wand- und Deckenflächen geprägt, die den Oberflächen einen sinnlich rauen Charakter verleihen.

Überhaupt versuchen Henke und Schreieck auch bei einem Großbau wie dem Erste Campus soviel handwerkliche Leistung wie möglich zu integrieren. So finden sich ähnliche Qualitäten sogar an der Fassade. Die ausgesprochen transparent wirkende Gebäudehülle aus eisenoxidarmen Gläsern prägt mit ihrer optischen Durchlässigkeit, aber auch den vielfältigen Spiegelungen und Lichteffekten wesentlich das Erscheinungsbild der Gebäude im Stadtraum. Außen unverkennbar Hightech, ist die innere Schale aus Lärchenholz, die sich im Prinzip aus unzähligen Einzelfenstern zusammensetzt, jedoch weitgehend handwerklich errichtet. Mit ihrem warmen Farbton strahlt sie auf die Innenräume aus und setzt sich damit wohltuend von den sonst üblichen Bürofassaden ab.

Die Büroflächen selbst kommen gänzlich ohne tragende Stützen und Wände aus und erlauben innerhalb der einzelnen Abteilungen des Unternehmens völlig frei adaptierbare Grundrisskonfigurationen. Auch nachträglich lassen sich ohne großen baulichen Aufwand jederzeit die Bereiche für unterschiedliche Arbeitsprozesse anpassen.

Bei schönem Wetter dehnt sich der Arbeitsbereich bis ins Freie aus. Denn dann werden die landschaftlich gestalteten begrünten Terrassen, die sich auf verschiedenen Ebenen auf den Flachdächern verteilen, intensiv genutzt. In den integrierten Sitzbereichen finden Meetings unter freiem Himmel statt, an anderer Stelle sieht man Mitarbeiter mit dem Laptop auf einer Bank arbeiten. Vor allem aber dienen die Freibereiche als willkommener Pausenraum.

So ist der Erste Campus in Wien ein in vielerlei Hinsicht herausragender Bau, der zeigt, was möglich ist, wenn im Bürobereich nicht der rein profitorientierte Investor für den anonymen Nutzer baut, sondern ein verständnisvoller und für Gestaltungsfragen offener Bauherr für seine eigenen Bedürfnisse.

the campus becomes a part of the city, functionally emphasised by the publicly accessible two-storey atrium. With its carved-out courtyards, bridges, and staircases, this spatial and communicative centre not only offers a unique experience of space, including diverse viewing links, and accessibility options, but has something of a lively town square with its cafés, snack areas, cultural uses, and abundant seating. Its atmosphere is not least shaped by the fine lime plaster on the wall and ceiling surfaces, applied using traditional techniques, giving the surfaces a sensuously rough character.

On the whole, the architects Henke and Schreieck endeavoured to integrate craft skills to the greatest extent possible, notwithstanding the formidable size of the Erste Campus building; as such, similar qualities are even found on the facade. The distinctly transparent-looking building envelope made of low-iron glass, and with its optical permeability, diverse reflections, and light effects, decisively shapes the appearance of the building in its urban space. Unmistakably high-tech on the outside, the inner shell is made of larch wood, principally consisting of countless individual windows, and constructed largely by applying skilled craftsmanship. The facade's warm colour radiates into the interior spaces, forming a soothing contrast to the usual office facades.

The office areas themselves are entirely devoid of load-bearing columns and walls, allowing for freely adaptable floor plan configurations within individual corporate departments. Without major constructional effort, the areas can also retrospectively be adapted to suit different work processes at any time.

In fine weather, work areas extend outdoors, with intensive use of the landscaped, green terraces spread across various levels on the flat roofs. Integrated seating areas accommodate open-air meetings. Elsewhere, employees can be seen working on a bench with their laptops. Above all, however, the open areas serve as a welcome recreation space.

The Erste Campus in Vienna is in many ways an outstanding building, demonstrating what is possible when it's not a purely profit-oriented investor who is building an office for the anonymous user, but rather an insightful client who is open to issues of design and is building for their own needs.

Bürogeschoss, Innenraumgestaltung: KINZO, Berlin / Office floor, interior design: KINZO, Berlin

Galerie im zweigeschossigen Atrium / Gallery in double-storey atrium

Elbphilharmonie in Hamburg
Elbe Philharmonic Hall in Hamburg
Herzog & de Meuron, Basel

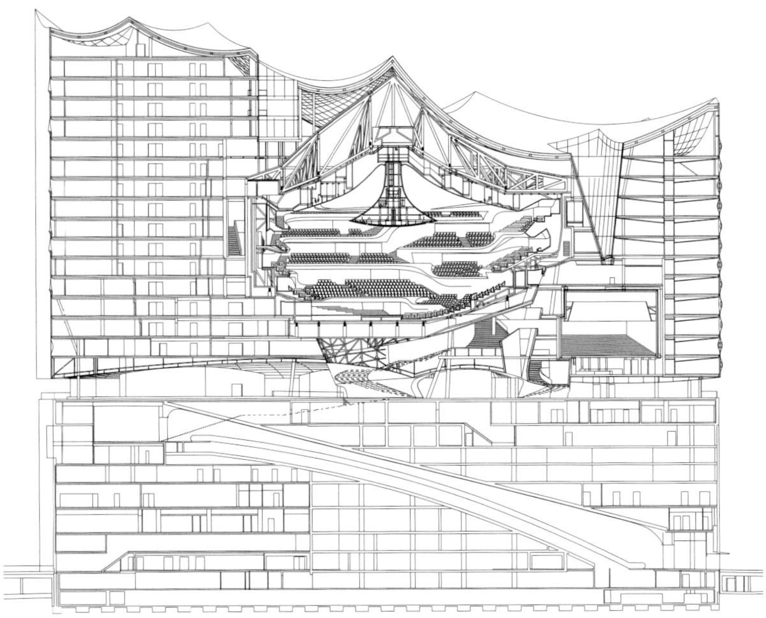

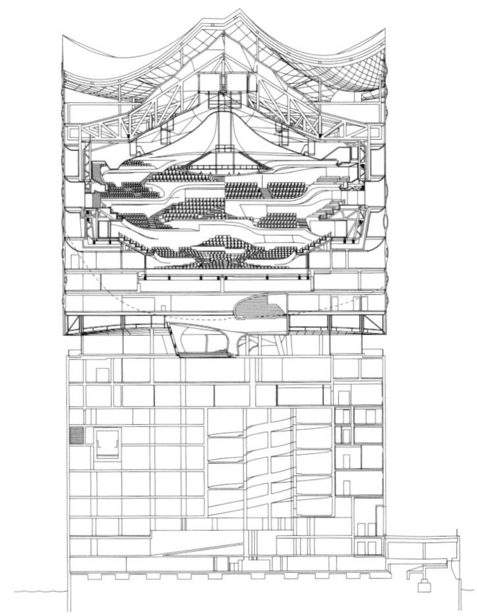

Wenige Bauten nur wurden in den letzten Jahren in den Feuilletons so überschwänglich bejubelt wie die Elbphilharmonie und noch nie hat ein Architekturhighlight in Deutschland zum Zeitpunkt seiner Fertigstellung eine vergleichbare mediale Aufmerksamkeit erhalten. Vergessen sind nun all die negativen Schlagzeilen über explodierende Kosten, Terminverzögerungen oder die unerfreulichen politischen Begleitprozesse. Denn das Ergebnis kann sich uneingeschränkt sehen lassen. Wie ein gestrandeter Ozeanriese ragt das neue Konzerthaus aus der Elbe an der Schnittstelle zwischen Wasser und Stadt. Eindrucksvoll platziert auf einem historischen Kaispeicher an der westlichen Spitze der neuen HafenCity, des größten innerstädtischen Stadtentwicklungsprojekts Europas, ist sie zweifellos das neue Wahrzeichen Hamburgs. Im urbanen Gefüge erreicht sie dabei eine Gegenwärtigkeit wie weltweit nur noch ein einziges Musikgebäude: Jørn Utzons berühmte Oper in Sydney. Doch während Utzon bei seinem signifikanten Gebilde die Lage der beiden nebeneinander gestellten Konzertsäle in der äußeren Erscheinung kenntlich macht, ist das in Hamburg nicht der Fall. Herzog & de Meuron zeigen, wie sehr sie sich längst vom Leitspruch der Moderne losgesagt haben, wonach die Form der Funktion zu folgen hat. Sie entwickeln zuallererst eine eindrucksvolle Skulptur, die sie anschließend mit den Nutzungen füllen. Neben den beiden Konzertsälen und einem Musikstudio sowie den dazu gehörenden Foyers sind das noch ein Hotel und 45 Luxusapartments. Dass ihr Konzept der gläsernen Welle auf dem massiven Unterbau so gut funktioniert, liegt dabei ganz entscheidend an den Fassaden. Denn durch die Bedruckung der Gläser mit grafischen Mustern, die zum Rand hin dichter werden, und die Verwendung zahlreicher tropfenförmig nach außen gebogener Scheiben erreichen sie eine faszinierende Lebendigkeit. Eindrucksvoll überlagert sich diese Struktur mit den Spiegelungen des Himmels und des Wassers, mit den unterschiedlichen Lichtstimmungen wechselt sie stetig ihre Farbe.

Als optische Trennlinie zwischen dem schweren und kargen Sockel aus Sichtmauerwerk und dem gläsernen Aufbau schaffen Herzog & de Meuron eine öffentliche Plaza und bereichern die Stadt damit um einen neuen, für jedermann

Rarely have buildings been so enthusiastically cheered in feature articles of recent years as the Elbe Philharmonic Hall, and never before has an architectural highlight in Germany received comparable media attention at the time of its completion. Forgotten are all the negative headlines about exploding costs, deadline delays, or the unpleasant, accompanying political processes, as the resulting building is, by all means, emphatically presentable. Like a stranded ocean liner, the new concert hall now juts out of the River Elbe at the intersection between the water and the city. Impressively positioned on top of a historical quayside warehouse at the western tip of the new HafenCity, the largest inner-city urban development project in Europe, it is undoubtedly Hamburg's new landmark. Within its urban environment, it achieves a presence that only one other musical building has: Jørn Utzon's famous opera house in Sydney; but while Utzon had developed his eye-catching sculpture from the inside out by making the two adjacent concert halls recognisable in the building's outer appearance, it's exactly the other way round in Hamburg. Here, Herzog & de Meuron demonstrated how they have long since departed from the maxim of modernism, according to which form must follow function. They first of all develop an impressive sculpture which they subsequently fill with the required uses. Apart from the two concert halls, a music studio, and accompanying foyers, the building also houses a hotel as well as 45 luxury apartments. The main reason why their concept of the glass wave riding on the massive base functions so well can be found in the facades: Using glass panes printed with graphic patterns that become denser towards the edges of the panes, as well as a large number of panes bent towards the outside in a drop-shaped manner, the architects achieve a fascinating liveliness. The structure impressively blends with the reflections of the sky and the water, including different lighting moods, resulting in continuous colour changes.

Serving as visual division between the heavy, bare base of exposed brickwork and the glazed superstructure, Herzog & de Meuron created a public plaza, thereby enriching the city

zugänglichen urbanen Ort. In 35 Metern Höhe bieten sich von hier phantastische Ausblicke auf Hamburg und den Hafen, Konzertbesucher vermischen sich mit Flaneuren, Kulturinteressierten, Hotelgästen und Touristen. Direkt von der Plaza aus erfolgt über zwei geschwungene Treppen und über räumlich spannungsvolle Foyers der Zugang in die zwei verschiedenen Veranstaltungswelten – zum Großen und zum Kleinen Saal. Der Große Konzertsaal mit seinen 2100 Plätzen ist das Herzstück des Musikzentrums. Seine Organisation folgt dem Prinzip des Weinbergs, bekannt schon von Hans Scharouns wegweisender Philharmonie aus den 1960er-Jahren in Berlin. Das Orchester befindet sich in der Mitte des Raums, außenherum steigen die Ränge an – aus Platzgründen hier sogar besonders steil. Ihre für die Münchner Allianz Arena entwickelte Idee des Kessels übertragen die Architekten nun auf einen Konzertsaal. Das führt zu einer ungemeinen Nähe der Zuhörer zu den Musikern, klanglich ebenso wie visuell, denn niemand ist mehr als 30 Meter vom Dirigenten entfernt. Die Ausstattung des Saals wirkt mit ihren grauen Polstersesseln und der markanten, akustisch wirksamen Wand- und Deckenverkleidung aus computergefrästen Gipsplatten gleichermaßen festlich wie modern.

Und das ist eine weitere große Qualität der Elbphilharmonie: die durchgängige gestalterische Qualität von außen nach innen, aber auch die durchgängige Stringenz der Details. Damit setzt sie sich beispielhaft von so vielen anderen Architekturikonen ab, bei denen vor allem das Spektakel im Vordergrund steht, das Innere dann aber nicht einhalten kann, was die expressive Außenform verspricht.

15 Jahre sind seit Jacques Herzogs legendärer ersten Skizze auf einer Postkarte bis zur Eröffnung des Hauses vergangen. Dass der fertige Bau nach all den Jahren der Verzögerung noch immer so kraftvoll und überzeugend wirkt, unterstreicht, wie zeitlos der Entwurf tatsächlich ist. Und auch für die Architekten ist die Vollendung zum jetzigen Zeitpunkt ein Glücksfall. Seit ihren Highlights wie der Tate Modern in London, der Allianz Arena oder dem Schaulager in Basel haben sie zwar eine ganze Reihe großartiger Bauten hervorgebracht, doch länger nichts Weltbewegendes mehr. Die Elbphilharmonie bringt sie nun schlagartig ins Rampenlicht zurück.

with a new urban site accessible to everyone. From a height of 35 metres, fantastic views of Hamburg and the port can be enjoyed, while concert goers mingle with flâneurs, culture enthusiasts, hotel guests, and tourists. Directly from the plaza, two curved staircases and spatially exciting foyers lead to the two different event worlds – the large hall and the small hall. The large concert hall with its 2,100 seats forms the core of the music centre. Its organisation follows the principle of a vineyard, already familiar from Hans Scharoun's pioneering philharmonic hall in Berlin from the 1960s. The orchestra is located in the centre of the space while the tiers rise up around it, rather steeply for reasons of space. The architects thus transfer the idea of the cauldron developed for the Allianz Arena in Munich to a concert hall, allowing the listeners to be incredibly close to the musicians, both tonally and visually, since nobody is more than 30 metres away from the conductor. The hall's furnishings feel festive and modern in equal measure, with their grey-upholstered seats, and the distinctive, acoustically effective wall and ceiling cladding, consisting of computer-milled plasterboards.

Another great feature of the Elbe Philharmonic Hall is its consistent design quality, from the outside to the inside, but also the consistent rigour in its details. As such, it exemplarily contrasts with so many other architectural icons where above all the spectacle takes centre stage, but the interiors fail to fulfil what the expressive exterior promises.

Fifteen years have passed between Jacques Herzog's legendary first sketch on a postcard and the opening of the building. The fact that the building, despite years of delays, still seems so vibrant and convincing underlines the timelessness of its design. For the architects too, the building's completion comes at an opportune time; they had realised a wide range of magnificent buildings since their architectural highlights such as the Tate Modern in London, the Allianz Arena, or the Schaulager in Basel, but nothing momentous for some time now. The Elbe Philharmonic Hall now suddenly brings them back to the centre stage.

Grundriss Plaza Ebene +8, Maßstab 1:1000 / Floor plan plaza level +8, scale 1:1,000

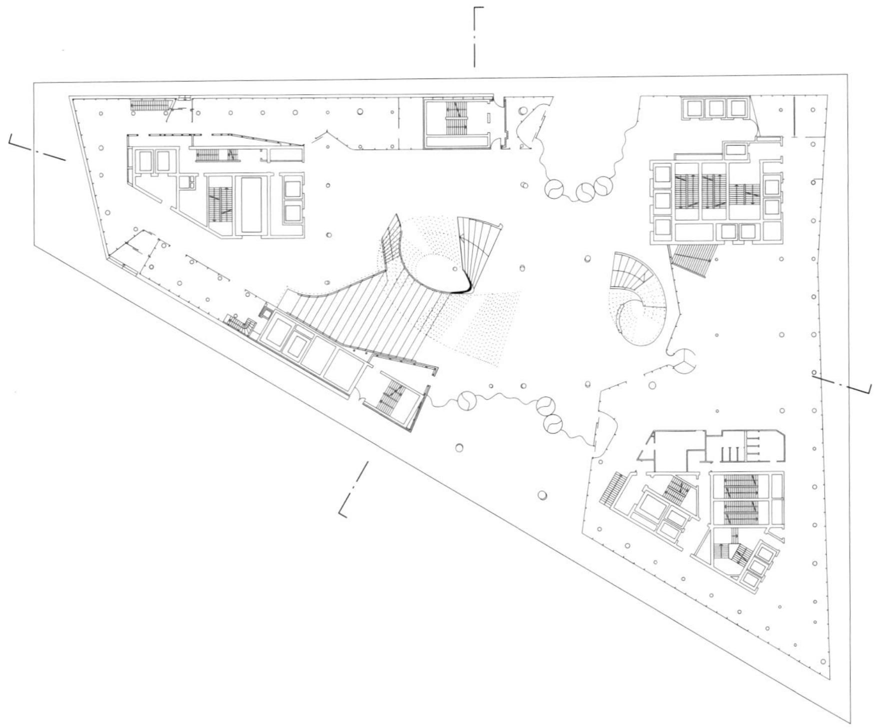

Grundriss Ebene +18, Maßstab 1:1000 / Floor plan level +18, scale 1:1,000

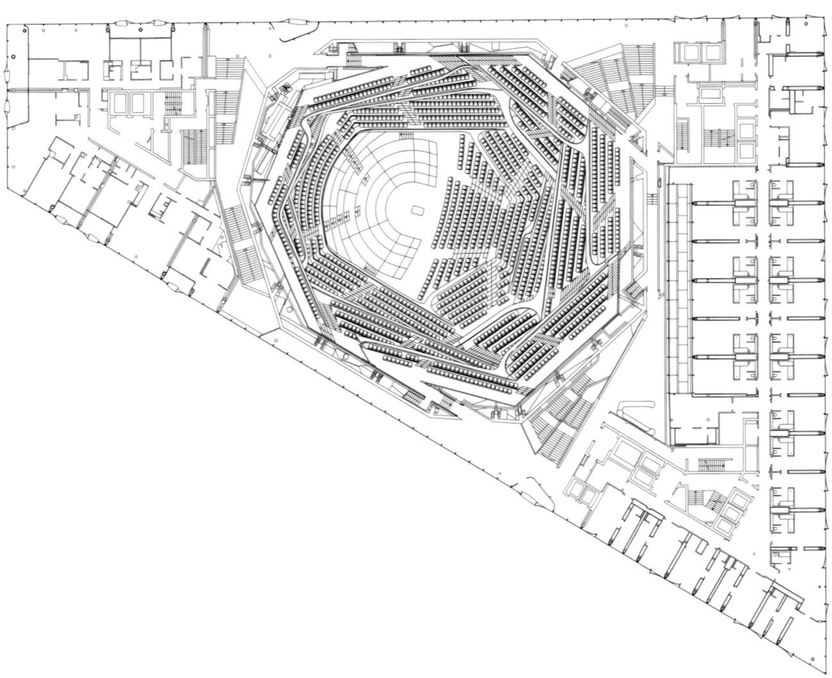

Gläserne Skulptur über dem Kaispeicher / Glass sculpture above Kaispeicher

Die Dachterrasse des Hotels / Hotel, roof terrace

Projektbeteiligte / Persons and Organizations Involved in the Planning

01 – Erweiterung Grand Louvre in Paris / Grand Louvre Extension in Paris
Architekten / Architects:
Ieoh Ming Pei
Pei Cobb Freed & Partners, New York
Tragwerksplanung / Structural engineering:
RFR, Paris

02 – Kirche des Lichts in Ibaraki / Church of the Light in Ibaraki
Architekten / Architects:
Tadao Ando & Associates, Osaka
Tragwerksplanung / Structural engineering:
Ascoral Engineering Associates, Osaka

03 – Flughafen Stansted in London / Stansted Airport in London
Architekten / Architects:
Foster Associates, London
Tragwerksplanung / Structural engineering:
Ove Arup und Partner, London

04 – Plenarbereich des Deutschen Bundestages in Bonn / Plenary Complex of the German Parliament in Bonn
Architekten / Architects:
Behnisch & Partner, Stuttgart
Projektpartner, Projektarchitekt / Cooperation, Associate Architect:
Gerald Staib
Tragwerksplanung / Structural engineering:
Schlaich, Bergermann und Partner, Stuttgart

05 – Waterloo International Terminal in London / Waterloo International Terminal in London
Architekten / Architects:
Nicholas Grimshaw and Partners, London
Tragwerksplanung / Structural engineering:
Anthony Hunt Associates, Cirencester

06 – Umbau des Reichstagsgebäudes in Berlin / Conversion of the Reichstag in Berlin
Architekten / Architects:
Foster + Partners, London
Tragwerksplanung / Structural engineering:
Ove Arup Partnership, London;
Schlaich Bergermann und Partner, Stuttgart;
Leonhard und Andrä, Stuttgart

07 – Japanischer Pavillon, Expo 2000 in Hannover / Japanese Pavilion, Expo 2000 in Hanover
Architekten / Architects:
Shigeru Ban Architects, Tokio
Tragwerksplanung / Structural engineering:
Buro Happold, Berlin
Tragwerksberatung / Structural consulting:
Frei Otto, Warmbronn

08 – Tate Modern in London / Tate Modern in London
Architekten / Architects:
Herzog & de Meuron, Basel
Tragwerksplanung / Structural engineering:
Arup, London (2005–2007)
Ramboll, London (from 2008)

Tate Modern Bestand / Existing Building
Architekten / Architects:
Jacques Herzog, Pierre de Meuron
Partnerarchitekten / Associate Architects:
Sheppard Robson + Partners, London
Tragwerksplanung / Structural engineering:
OAP Ove Arup Partner, London

09 – Mediothek in Sendai / Sendai Mediatheque
Architekten / Architects:
Toyo Ito & Associates, Tokio
Tragwerksplanung / Structural engineering:
Sasaki Structural Consultants, Tokio

10 – Grundschule in Gando / Gando Primary School
Architekt / Architects:
Kéré Architecture, Berlin
Beratung Statik / Static consulting:
Eddy Widjaja, TU Berlin
Beratung Lehmbau / Loam construction consulting:
Christof Ziegert, TU Berlin

11 – Skischanze Bergisel in Innsbruck / Bergisel Ski Jump in Innsbruck
Architekten / Architects:
Zaha Hadid Architects, London
Zaha Hadid mit / with Patrik Schumacher
Tragwerksplanung / Structural engineering:
Jane Wernick, London
Christian Aste, Innsbruck

12 – Casa da Música in Porto / Casa da Música in Porto
Architekten / Architects:
OMA, Rotterdam
Rem Koolhaas, Ellen van Loon
Tragwerksplanung / Structural engineering:
Arup, London
mit / with
AFA, Vila Nova de Gaia

13 – Olympiastadion in Berlin, Sanierung und Überdachung / Olympic Stadium in Berlin, Reconstruction and Roofing
Architekten / Architects:
von Gerkan, Marg und Partner, Berlin
Tragwerksplanung / Structural engineering:
Krebs und Kiefer, Darmstadt / Berlin
Schlaich Bergermann und Partner, Stuttgart

14 – The New York Times Building in New York / The New York Times Building in New York
Architekten / Architects:
Renzo Piano Building Workshop, Paris / Genua
FXFowle Architects, New York / Dubai
Tragwerksplanung / Structural engineering:
Thornton Tomasetti, New York;
Ove Arup & Partners

15 – Ørestad Gymnasium in Kopenhagen / Ørestad Secondary School in Copenhagen
Architekten / Architects:
3XN, Kopenhagen
Tragwerksplanung / Structural engineering:
Søren Jensen Consulting Engineer, Kopenhagen

16 – Kunstmuseum Kolumba in Köln / Kolumba Museum in Cologne
Architekten / Architects:
Peter Zumthor, Haldenstein
Tragwerksplanung / Structural engineering:
Jürg Buchli, Haldenstein
mit / with
Ottmar Schwab / Reiner Lemke, Köln

17 – Xiangshan Campus in Hangzhou / Xiangshan Campus in Hangzhou
Architekten / Architects:
Amateur Architecture Studio, Wang Shu, Lu Wenyu, Hangzhou

18 – Staatsoper und Ballett in Oslo / Norwegian National Opera and Ballet in Oslo
Architekten / Architects:
Snøhetta A/S, Oslo
Tragwerksplanung / Structural engineering:
Reinertsen Engineering, Trondheim / Oslo

19 – Neues Museum, Museumsinsel in Berlin / Neues Museum in Berlin
Architekten / Architects:
David Chipperfield Architects, Berlin
mit / with
Julian Arrap
Tragwerksplanung / Structural engineering:
Ingenieurgruppe Bauen, Berlin

20 – Bahnhof Guillemins in Lüttich / Guillemins TGV Railway Station Liège
Architekten / Architects:
Santiago Calatrava, Zürich
Tragwerksplanung / Structural engineering:
Santiago Calatrava SSL, Zürich

21 – The High Line in New York / The High Line in New York
Architekten / Architects:
Diller Scofidio + Renfro, New York
Tragwerksplanung / Structural engineering:
Buro Happold, New York
Tragwerksplaner, Denkmalschutz / Structural engineering, Historic preservation:
Robert Silman Associates, New York

22 – Rolex Learning Center in Lausanne / Rolex Learning Center in Lausanne
Architekten / Architects:
SANAA, Tokio
Tragwerksplanung / Structural engineering:
Mutsuri Sasaki / SAPS, Tokio
Bollinger + Grohmann Ingenieure, Frankfurt am Main
Walther Mory Maier Bauingenieure AG, Münchenstein
BG Ingénieurs Conseils, Lausanne
Losinger Construction, Bussigny

23 – Kongresszentrum in Cartagena / Congress Centre in Cartagena
Architekten / Architects:
selgascano, Madrid
Tragwerksplanung / Structural engineering:
Fechor, Madrid

24 – Headquarter Erste Campus in Wien / Erste Campus Headquarters in Vienna
Architekten / Architects:
Henke Schreieck Architekten, Wien
Tragwerksplanung / Structural engineering:
gmeiner I haferl zivilingenieure zt gmbh, Wien

25 – Elbphilharmonie in Hamburg / The Elbe Philharmonic Hall in Hamburg
Architekten / Architects:
Herzog & de Meuron, Basel
ARGE Generalplaner Elbphilharmonie, Hamburg (2005–2013):
Herzog & de Meuron AG, Basel
Höhler + Partner Architekten und Ingenieure, Aachen
Tragwerksplanung / Structural engineering:
Hochtief Solutions AG 2005–2013:
WGG Schnetzer Puskas Ingenieure AG, Basel
Rohwer Ingenieure VBI GmbH, Jarplund-Weding
Brick Facade 2005–2013:
Jäger Ingenieure, Radebeul

Bildnachweis / Image Credits

Die mit „Cover" gekennzeichneten Motive befinden sich auch auf der Rückseite des Umschlags. / The images labelled "Cover" are also provided on the back cover.

Seite /page 58, 82–85, 141, 142, 143, 146–149, 166, 167, 170, 171

Christian Schittich
Seite /page 012, 015, 020 (Cover), 024, 026 unten / bottom, 029 oben / top, 032 (Cover), 036, 041 unten links / bottom left, 047 (Cover), 049, 050 unten / bottom, 053 (Cover), 055 unten / bottom, 058 links / left, 059, 062, 063 unten rechts / bottom right, 069, 070 Mitte /middle, 070 unten / bottom, 071, 081 unten / bottom, 083, 084 (Cover), 085, 093, 095, 097 (Cover), 102 (Cover), 103, 111, 112 (Cover), 113, 115, 118 (Cover), 119, 120, 121 unten / bottom, 124, 125 oben rechts / top right, 125 unten / bottom, 134 oben / top, 138, 139 (Cover), 142 (Cover), 146/147, 148, 149, 157, 161 unten / bottom, 164 oben / top, 165, 177 oben / top (Cover)
bpk / RMN – Grand Palais / Olivier Ouadah
Seite /page 013 oben / top (Cover)
Pei Cobb Freed & Partners
Seite /page 013 unten / bottom
Raffaele Cipolletta / Mario Bellini Architects
Seite /page 016
Shigeo Ogawa
Seite /page 025
Richard Davies
Seite /page 026 oben / top
Ken Kirkwood
Seite /page 029 unten / bottom (Cover)
© Behnisch & Partner, Foto: Christian Kandzia
Seite /page 035
Jo Reid & John Peck
Seite /page 039 (Cover)
John Edward Linden
Seite /page 041 unten rechts / bottom right
Deutscher Bundestag / Katrin Neuhauser
Seite /page 045
Deutscher Bundestag / Marc-Steffen Unger
Seite /page 048
Frank Kaltenbach
Seite /page 050 oben / top, 063 oben / top, 063 unten links / bottom left, 161 oben / top, 164 unten / bottom (Cover)
Steven Goodenough
Seite /page 055 oben / top
Hiroyuki Hirai
Seite /page 055 Mitte / middle
KittyKat / Fotolia
Seite /page 057
Jean-Michel Landecy
Seite /page 058 rechts / right
Shinkenchiku-sha
Seite /page 065
Toyo Ito & Associates, Tokio
Seite /page 068 (Cover)
Hiro Sakaguchi
Seite /page 070 oben / top
Simeon Duchoud
Seite /page 072 oben / top
Enrico Cano
Seite /page 072 unten / bottom (Cover)
Diébedo Francis Kéré
Seite /page 075
Kéré Architecture
Seite /page 077
© TVB Innsbruck / Christof Lackner
Seite /page 078 (Cover), 081 oben / top
Christian Richters / artur
Seite /page 082
Marcus Bredt
Seite /page 091 (Cover), 094
Thomas Madlener
Seite /page 098, 156 links / left
Adam Mørk
Seite /page 105, 107
Hélène Binet
Seite /page 109, 110
Wang Shu
Seite /page 117
Clément Guillaume
Seite /page 121 oben / top
Iwan Baan
Seite /page 125 oben links / top left, 151, 152, 153, 156 rechts / right (Cover), 166, 170, 171 (Cover), 180, 185
Erik Berg / Den Norske Opera & Ballett
Seite /page 126 oben / top (Cover)
Christian Richters
Seite /page 126 unten / bottom, 135
Statsbygg, Oslo
Seite /page 129 oben / top
Iwan Brodey
Seite /page 131
David Chipperfield Architects, London, Berlin
Seite /page 133, 134 unten / bottom
Andreas Secci/archenova
Seite /page 143
Werner Huthmacher
Seite /page 174 / 175, 177 unten / bottom, 179

Sämtliche Zeichnungen in diesem Werk sind eigens angefertigt oder stammen aus den Archiven der Architekten. / All the drawings were specially produced for this publication or taken from the archives of the architects.

Autor / Author

Christian Schittich studierte Architektur an der Technischen Universität München. Nach einigen Jahren Büropraxis und publizistischer Tätigkeit wechselte er 1991 in die Redaktion DETAIL, die er 25 Jahre lang leitete – zunächst als verantwortlicher Redakteur und ab 1998 als deren Chefredakteur. In dieser Zeit entwickelte sich DETAIL zu einer der international führenden Fachzeitschriften für Architekten und Bauingenieure.

Christian Schittich ist Autor und Herausgeber zahlreicher Fachartikel und Bücher. Für die vorliegende Publikation schildert er die spannende Entwicklung der Architektur der letzten drei Jahrzehnte am Beispiel von 25 herausragenden Gebäudebeispielen und deren Architekten.

Seit August 2016 arbeitet er als freier Publizist und Fachautor.

Christian Schittich studied architecture at the Technical University of Munich. After several years of office experience and journalistic work he joined the DETAIL editing team in 1991, which he headed for 25 years – initially as senior editor and from 1998 as its editor-in-chief. During this time, DETAIL became one of the leading international specialist journals for architects and civil engineers.

Christian Schittich is the author and editor of numerous specialist articles and books. For the present publication, he uses 25 outstanding buildings and their architects to illustrate the fascinating evolution of architecture over the last three decades.

Since August 2016, he has been working as freelance publicist and specialist author.

Impressum / Imprint

Autor / Author:
Christian Schittich
Redaktion und Lektorat / Editing and Copy Editing:
Steffi Lenzen (Projektleitung), Jana Rackwitz
Redaktionelle Mitarbeit / Editorial Team:
Duy Mac
Übersetzung ins Englische / Translation into English:
Julian Jain, Berlin
Schlusskorrektur (deutsch) / Proofreading (German)
Eva Schönbrunner, München
Schlusskorrektur (englisch) / Proofreading (English)
Stefan Widdess, Berlin
Die Übersetzer der Zitate sind in den jeweiligen DETAIL-Ausgaben aufgeführt. / The translators of the quotes are cited in the respective DETAIL issues.
Gestaltung / Design:
strobo B M
Matthias Friederich, Samuel Hinterholzer, Julian von Klier, München
Zeichnungen / Drawings:
DETAIL Business Information GmbH
Reproduktion / Reproduction:
ludwig:media, Zell am See
Druck und Bindung / Printing and Binding:
Grafisches Centrum Cuno GmbH & Co. KG, Calbe

Die Deutsche Nationalbibliothek verzeichnet diese Publikation in der Deutschen Nationalbibliografie; detaillierte bibliografische Daten sind im Internet über http://dnb.d-nb.de abrufbar.
Bibliographic information published by the German National Library. The German National Library lists this publication in the Deutsche Nationalbibliografie; detailed bibliographic data are available on the Internet at http://dnb.d-nb.de.

erste Auflage / 1st Edition

DETAIL Business Information GmbH
Hackerbrücke 6
80335 München
www.detail.de

ISBN: 978-3-95553-384-7 (Print)
ISBN: 978-3-95553-385-4 (E-Book)
ISBN: 978-3-95553-386-1 (Bundle)

MIX
Papier aus verantwortungsvollen Quellen
FSC® C043106